Lorenzo Cicetti

Libero col Network Marketing

lorenzocicetti.com

Copyright © 2019 **Lorenzo Cicetti**
Tutti i diritti riservati.

Nessuna parte di questo libro può essere riprodotta senza il preventivo assenso dell'Autore.

1° edizione Aprile 2019

Titolo | Libero Col Network Marketing
Autore | **Lorenzo Cicetti**

ISBN 9781094724027

A tutte le persone con cui ho parlato in questi 13 anni
A tutti i miei collaboratori

Ai miei mentori

Ai miei team

A tutte le persone che mi seguono sul mio blog e sul canale Youtube

Indice

Riconoscimenti 7

Prefazione 9

Introduzione 11

La mia storia 15

Cinque storie di successo 25

Il Network Marketing come opportunità 33

Scelta Azienda 41

Le competenze da acquisire 55

Robustezza mentale 63

Vincere la paura del giudizio 77

Fare contatti con Internet e i social network 83

Il Marketing di attrazione 89

Invitare 93

Rispondere alle obiezioni 103

Raccontare storie 115

Sponsorizzare e creare il team 121

Promuovere gli eventi 131

La mia filosofia 137

Testimonianze 145

Riconoscimenti

Ti dico subito che non sono uno scrittore, e magari troverai qualcosa che non è scritto benissimo. Per me scrivere questo libro è stato complesso, una vera fatica, ma sappi che l'ho scritto io di mio pugno nell'arco di un anno.

E non sono nemmeno il miglior Networker, ci sono tanti leader che hanno costruito organizzazioni più grandi della mia. Tuttavia, una qualità che mi è stata sempre riconosciuta è quella di riuscire a sintetizzare concetti complessi in modo semplice e di facile comprensione.

Prima di addentrarci nei contenuti del libro, ci tengo tantissimo a dire grazie con questo libro a tutte le persone che ho incontrato in questi 13 anni di Network e a tutte le persone che incontrerò. Ognuno di voi ha contribuito in parte a raccontare questa storia e a formare la mia esperienza e la mia vita. È grazie anche a voi se la mia vita è migliorata drasticamente in tutti i sensi in questi 13 anni.

Grazie alla mia famiglia e a tutte le persone che mi sono state vicine nei momenti difficili. Ai miei figli, Leonis e Julian, che magari tra qualche anno, leggendo questo libro, possano capire meglio la mia storia, il mio percorso e gli insegnamenti che gli voglio trasmettere.

Grazie alla professione del Network Marketing, che devo ringraziare profondamente non solo per il contributo economico dato alla mia vita, ma soprattutto per gli insegnamenti di vita. Se oggi sono una persona più soddisfatta, felice e grata lo devo tantissimo a quello che questa professione da.

Ed ancora grazie a te, e a tutte le persone che leggeranno questo libro. A tutti i networkers d'Italia e del mondo. Voglio che tu sappia che io sono qui per aiutarti e che ti stimo profondamente. Grazie per avere il coraggio di inseguire i tuoi sogni, credo fermamente che grazie a te, a noi, il mondo è e sarà un po' migliore. Grazie dal profondo del mio cuore.

Prefazione

Ho conosciuto Lorenzo telefonicamente nel 2012, ma ci siamo conosciuti meglio quando è entrato nel mio team nel 2015. Nel corso del tempo siamo diventati amici, siamo andati in vacanza insieme.

Io sono un Networker di Professione dal 1993 e quello che mi colpisce di lui è il forte desiderio di aiutare gli altri a raggiungere il successo, oltre alla grande capacità di insegnare i principi del Network in modo chiaro e preciso.

I concetti, i principi e le strategie di cui parla Lorenzo in questo libro sono gli stessi che mi hanno permesso di diventare un Networker milionario a 7 cifre all'anno di provvigioni, e a Lorenzo di creare un team di migliaia di persone, milioni di euro di fatturato annuo e arrivare a guadagnare multipli di 6 cifre.

Lorenzo ti spiega la mentalità, quella che io chiamo "psicologia d'acciaio", che è assolutamente necessaria per diventare un professionista e ottenere risultati in questo settore.

Nel libro troverai anche indicazioni su come fare contatti, invitarli, sponsorizzarli e creare team. Si tratta di abilità fondamentali testate, praticate sul campo e spiegate in modo preciso e se le applicherai faranno la differenza nel tuo business.

Il mio consiglio è di leggerle con attenzione e applicarle con focus estremo, o come dico io, "insano" e potrai conquistare quella libertà che solo questo business ti può dare.

Introduzione

In questo libro ti racconterò di come sono passato da semplice impiegato bancario a "uomo libero", Network Marketer full time a multipli di 6 cifre all'anno, lavorando principalmente da casa con i social media. E soprattutto ti spiegherò come puoi farlo anche tu.

Imparerai tutte le competenze che ti servono e i passi che dovrai fare per ottenere risultati con il Network Marketing.

Questo libro non rappresenta una promessa di guadagno, ma la certezza che avere successo è possibile, se sai come inseguirlo. I risultati variano da persona a persona e sono frutto di molto lavoro e di acquisizione di competenze. Io ti offro gli strumenti. Il successo, poi, è alla tua portata nella misura in cui avrai il coraggio, la determinazione, la perseveranza e la voglia di metterti in gioco.

Se c'è una cosa che ho imparato, è che tutto ciò che fai ti torna indietro. Anche gli errori sono utili, perché dagli errori c'è sempre qualcosa da imparare. Se ti concedi la possibilità di sbagliare, se hai la pazienza e l'umiltà di riprovarci sempre, allora sei già sulla strada giusta. Insisti, abbi sempre voglia di imparare e di migliorarti, e ce la farai.

Io stesso ne sono la prova vivente. Pensare che circa tre anni fa, a marzo 2015 mi ero ritrovato a dover ripartire letteralmente da zero. Senza più un reddito e con due figli piccoli da mantenere. Mi sentivo un fallito, avevo provato per 8 anni la strada del Network Marketing senza mai riuscire a costruirmi una solidità di reddito che mi permettesse di guardare al futuro con serenità e fiducia. A 38 anni avevo raggiunto il punto più basso della mia vita, non solo a livello finanziario ma anche a livello emozionale.

Quasi quasi avevo smesso di credere in questo settore e in questa stupenda attività. È la cosa che capita a tantissime persone che, spinte da promesse di guadagni facili, si avvicinano, provano per un po', magari senza una vera guida che li segua. Intraprendono progetti fallimentari in partenza, circuiti dai moltissimi venditori di fumo che si aggirano nella rete o comunque da persone che non sanno quello che fanno né hanno a disposizione un sistema duplicabile e collaudato. Molto probabilmente questo è quello che è capitato anche a te che stai leggendo ora: cerchi una guida che ti permetta di ottenere i risultati che vuoi e che senti che sono possibili.

Magari hai già provato diverse strade, e a mettere in pratica quello che ti hanno detto di fare su come fare clienti, incaricati e sponsorizzazioni, ma qualcosa non ha funzionato e non hai esattamente capito di cosa si tratta.

Sopratutto in questo settore c'è bisogno di qualcuno che racconti le cose esattamente come stanno. E la mia intenzione è metterti davanti la verità, che è bella abbastanza.

Non esistono guadagni facili, ma questo è un sistema che, se fatto nel modo giusto e con le giuste aspettative, può portare alle persone soddisfazioni che non hanno eguali se paragonate a qualsiasi altro lavoro dipendente.

Purtroppo nel nostro settore non è sempre semplice riconoscere i professionisti seri e preparati dai ladri di galline, che circuiscono le persone con promesse di guadagni facili (che non esistono!) e che sfortunatamente attirano chi ancora non ha gli strumenti in mano per valutare tutto.

Pertanto in uno dei capitoli di questo libro ti parlerò anche degli aspetti da valutare quando selezioni un progetto piuttosto che un altro, allo scopo di farti risparmiare soldi e tempo (che è la cosa più importante che hai).

Ti parlerò anche delle difficoltà che incontrerai lungo il tuo percorso, e ti illustrerò le abilità che dovrai acquisire, per puntare dritto al raggiungimento dei tuoi sogni e dei tuoi obiettivi.

Se ancora non sei nella situazione dove vorresti essere, non è perché non ne hai le capacità, ma semplicemente perché non hai ancora acquisito le abilità e le competenze necessarie per diventare un Networker Professionista e ottenere i risultati che vuoi e che meriti. La libertà e la gratificazione che da il Network sono più a portata di mano di quanto tu creda. Ce la puoi fare, io sono con te e faccio il tifo per te.

La mia storia

In questo capitolo ti racconto un po' di me, cosi ci conosciamo e sai chi ti sta parlando.

Mi chiamo Lorenzo Cicetti. Sono nato il 26 gennaio del 1977 in un piccolo paese sperduto nelle Marche.

I miei genitori erano entrambi insegnanti, mi hanno donato l'amore che potevano e mi hanno cresciuto con grande affetto.

Credo fermamente che dai nostri genitori e dal nostro ambiente apprendiamo il nostro modo di pensare, le convinzioni e anche la nostra situazione emotiva.
Io ero un ragazzo molto insicuro. Avevo paura un po' di tutto e facevo fatica anche a integrarmi con gli altri bambini. Pensa che ho rinunciato a un mio grande sogno, che era di giocare a pallone e di diventare un calciatore, perché un paio di bambini mi avevano detto che mi avrebbero picchiato se fossi ritornato alla scuola calcio.

Divenuto adolescente, un po' per darmi importanza e un po' per cercare di vincere la mia insicurezza, iniziai a frequentare persone poco raccomandabili, perdendomi in cose non proprio belle, tra alcol, discoteche e altre cose non raccomandabili che fanno i ragazzi insicuri.

Proprio ritornando da una discoteca di Rimini, dopo una serata di sballo, l'auto in cui mi trovavo fece un tamponamento in cui rischiai molto seriamente di morire, ma grazie a qualcuno lassù rimasi illeso. Questo incidente mi fece riflettere molto su quanto sia importante la vita. Decisi di distaccarmi un attimo da quel mondo e di impegnarmi seriamente nello studio. Così mi diplomai e successivamente mi iscrissi all'università.

Purtroppo, però, i miei problemi non erano finiti li. A 19 anni, quando iniziarono un po' le responsabilità, dopo un primo anno brillante di università caddi in una forte crisi ansiosa/depressiva. I miei genitori mi portano da una brava psichiatra e lei mi prescrisse degli psicofarmaci per farmi tornare in equilibrio.

Questo è stato il mio punto di partenza. Ero una persona oltremodo insicura, paurosa, ansiosa, poco felice, e con un'autostima veramente bassa, direi sotto i piedi.

Ma un aspetto positivo di quel periodo è che anche nei momenti bui ho sempre cercato di vedere la luce in fondo al tunnel e ho sempre cercato di impegnarmi per migliorare la mia situazione.

Un giorno, a 19 anni, quasi per miracolo, trovai in libreria il mio primo libro di crescita personale. Si chiamava "Vivere alla Grande" di Robin Sharma, un libro semplice ma pieno di tanti consigli utili per migliorare sé stessi, il proprio carattere e la propria vita.

Da li è iniziato un percorso che mi ha portato da un punto veramente basso, ad aumentare sempre di più la mia autostima e la mia forza di volontà, definendo meglio il mio carattere.

All'università vinco una borsa di studio, grazie alla quale posso trascorrere un anno nel Regno Unito. Qui mi si apre un nuovo mondo, cambio la mia visione della vita e conosco colei che poi diventerà mia moglie. Lei è giapponese e ai tempi viveva là con i genitori. Quando ci conosciamo, mi fa scoprire un nuovo modo di pensare e mi fa capire che si può vivere con una mentalità diversa e meno ansia di quella con cui vivevo io.

Ritorno in Italia e mi laureo con 110 e lode in economia. Nel frattempo la mia ragazza mi raggiunge in Italia e iniziamo a convivere. Poi trovo un impiego, prima come consulente e poi in Banca (per riuscirci, penso che avrò mandato almeno 500 curriculum).

I primi anni in Banca sono soddisfacenti. Sperimento per la prima volta la mia autonomia da solo con la mia futura moglie. Vivo in diversi posti d'Italia, faccio carriera e soprattutto ho uno stipendio sicuro. Agli occhi del 99% degli italiani ho una bella vita tranquilla.

Solo che io mi sento insoddisfatto. A un certo punto la Banca inizia a starmi stretta. Di quel mondo, non accetto tante cose.

Per avere un aumento dovevano passare anni, indipendentemente dalle mie capacità, e devo essere valutato da qualcuno, che magari mi giudica a simpatia e non a risultati raggiunti. Se ho bisogno di assentarmi o di un permesso per fare qualsiasi cosa, devo chiedere alla persona di riferimento, che spesso me lo nega. Ricordo ancora quando, a Bassano del Grappa, mia moglie viene operata di appendicite ed io devo correre tra Banca e ospedale perché non mi avevano concesso il permesso di assentarmi qualche giorno. E poi quello che faccio non mi piace: analizzare bilanci di aziende, studiare normative, compilare documentazione per la clientela. Sono tutti compiti che non stimolano la mia creatività né la mia voglia di crescita personale. Oltre al fatto che con un solo stipendio in casa non è che si possano fare troppe cose, e io dentro di me sento di potere e volevo fare di più.

Cosicché, senza sapere veramente cosa voglio, mi metto a cercare su Internet altri modi di guadagnare. A dicembre del

2006 inizio il mio primo Network Marketing.

Di questo lavoro mi colpiscono subito due aspetti: la possibilità di crescita personale, il credere nei propri sogni, e il fatto che per avere successo avrei dovuto sviluppare abilità nel comunicare con le altre persone.

Devo ammettere però che la mia prima azienda di Network Marketing non è tra le più efficaci e performanti del settore. Mi attrae perché ha un sistema di gestione che sfrutta Internet e grazie al quale posso lavorare esclusivamente da casa. I contatti vengono generati tramite siti di annunci gratuiti e a pagamento e si comunica con loro per telefono: i party in casa e i meeting in albergo non hanno mai fatto per me, troppo fuori dalla mia zona di comfort.

Inizio a sognare e il mio primo sogno è quello di lasciare l'impiego in Banca.

La mia motivazione è fortissima. Per 5 lunghi anni torno a casa dalla Banca verso le 18.30 e mi metto a chiamare i contatti fino alle 20.30 e anche dopo cena.

Inizialmente sono timido e teso e non sponsorizzo nessuno; poi imparo a sviluppare empatia al telefono, inizio a trasferire emozioni e a sponsorizzare, fino a diventare uno dei più bravi in quell'azienda.

Nel 2012 raggiungo una qualifica importante e sono invitato in America dal presidente per una gita premio, tanto che ad ottobre di quello stesso anno lascio la banca, anche se ho già un figlio e un altro in arrivo e i miei guadagni tramite il Network Marketing non sono ancora pari a quelli che ricevo dalla mia banca. Ma decido di prendermi questo rischio.

Fare quella scelta non mi è semplice. Ho molta paura, ma sento che è la scelta giusta per me e per l'esempio che voglio dare ai miei figli, ovvero quello di una persona che dà il meglio di sé per raggiungere i propri sogni.

L'impegno full time con il Network Marketing non è sempre rose e fiori. Posso dire che inizialmente "galleggio". Da imprenditore riduco il mio tenore di vita, faccio rinunce e sacrifici, sto attento ad ogni spesa, limito al lumicino le cene al ristorante e compro vestiti solo ai saldi. Ma non mi pesa perché sono convinto che il mio sogno è più importante di tutto.

Poco dopo lascio l'azienda con cui sono stato per 6 anni. Mi accorgo che ho avuto i paraocchi. La domanda che mi fa prendere quella decisione è: "Se in 15 anni che esiste l'azienda, nessuno e forse nemmeno il proprietario è diventato veramente libero finanziariamente, perché ci dovrei riuscire io?"

Così cambio un paio di aziende e tutto sommato riesco a galleggiare fino a marzo 2015, quando mi ritrovo con 0 entrate. Nonostante tanti sforzi, non riesco a crearmi di nuovo un introito.

Per 5-6 mesi vivo spendendo i miei risparmi. Aumenta la paura e il mio stato emotivo sprofonda. Immagina un attimo come mi potevo sentire ad aver dedicato 8 anni della mia vita, le mie migliori energie fisiche e mentali ad aziende che non avevano un sistema che mi permettesse di ottenere un guadagno adeguato.
Perdo fiducia in me stesso e nel settore. Mi sento un fallito e sto male per aver buttato nel cesso 8 anni di sacrifici, sforzi, lacrime e sangue.

Non so cosa fare, sono preoccupato anche per come mantenere i miei due figli e la mia famiglia, è un momento in cui ho veramente paura.

Ma anche questa volta ho la forza di continuare nella decisione ormai presa nel mio cuore anni indietro. Non mi voglio arrendere, perché so che sarei diventato ricco e libero, o sarei morto provandoci.

E l'insegnamento, l'idea fondamentale che voglio condividere con te è che anche nei momenti più bassi, se non ti arrendi, se continui a dare tutto te stesso, i miracoli avvengono.

Così a marzo 2015 inizio la mia nuova avventura. Do tutto me stesso soprattutto i primi mesi, e lancio la mia nuova attività facendo tesoro degli errori commessi in passato.

Da allora è un continuo di crescita e guadagno che arriva a multipli di 6 cifre all'anno, con l'obiettivo di portarlo a 7 cifre.

Ora non ho preoccupazioni riguardanti il denaro. Quest'anno ho acquistato la macchina dei miei sogni (un Porsche Cayenne) e 2 appartamenti che mi creano rendite passive. Vado a sciare un paio di volte all'anno, viaggio spesso in Italia e all'estero e la mia vita è veramente abbondante sulle cose e nelle scelte che posso fare.

E non solo questo. Ho anche la libertà di poter gestire il mio tempo in modo totalmente autonomo, alzarmi quando mi sento riposato, non dover affrontare il traffico.

Ma la cosa più bella in assoluto è vedere altre persone che stanno cambiando la loro vita grazie alla mia guida. Vedere persone che vivono una vita più gratificante, risolvono i loro problemi, crescono e diventano persone migliori e più felici. Questa è in assoluto una delle cose più belle e gratificanti che si possa provare nella vita.

E la cosa più importante in assoluto è la persona che diventi nel percorso. Con più autostima, più felice, in grado di gestire le tue emozioni e di vivere la vita a pieno. Anche se ti togliessero tutto, nessuno può più toglierti la persona che diventi.

E questo per dirti che se anche un ex ansioso, depresso, insicuro, infelice, timido, prima bancario e networker fallito poi sta vivendo una vita al di là delle sue più rosee aspettative e in continuo miglioramento, puoi riuscirci anche tu.

Tutto questo è possibile solo se prendi la decisione di farcela, di non fermarti mai, di continuare anche quando sei scoraggiato, anche quando i risultati sembrano non arrivare. Devi avere pazienza. Io ci ho messo 10 anni per arrivare a 6 cifre all'anno, ma il tempo sarebbe passato comunque, e che altra alternativa avrei avuto?

E se poi hai già avuto successo in altri campi, le caratteristiche personali che ti sono servite per avere successo altrove, potranno essere amplificate con questo sistema.

Io credo in te, tu hai un grande potenziale dentro di te, e lo senti… E lo sai, se stai leggendo questo libro.
Significa che credi nella possibilità di cambiare la tua vita. E se ci credi e agisci, il limite è il cielo.

Cinque storie di successo

Ora mi voglio fermare un attimo e raccontarti le storie di alcune persone che hanno realizzato o sono nel percorso di realizzare i loro sogni grazie al Network Marketing e ai miei insegnamenti che troverai in questo libro.

GIORGIA

Avevo iniziato da un paio di giorni, e vedo un like a un mio video su Facebook da parte di una persona che non conoscevo.

La ringrazio per il like e inizio a conoscerla. Si chiama Giorgia.

Vive con la madre invalida mentalmente, e fa l'assistente odontoiatrica part-time in nero. Guadagnava 350 euro al mese. Con l'avvento dell'euro, gli avevano ridotto le ore di lavoro settimanale da 40 a 12. Gli mostro il nostro sistema, fa MILLE domande e ha tante resistenze, ma dopo 2-3 giorni che chattiamo decide di entrare.

Già dai primi scambi capisco che è ansiosa e con tanta rabbia dentro.

Nella sua vita aveva vissuto anni di difficoltà famigliare e lei stessa dice che, se le cose non fossero cambiate per lei, sarebbe finita sotto un ponte o a fare cose poco raccomandabili. Agli inizi non gli ho dato tanta fiducia, ma lei ha creduto profondamente che questa potesse essere l'opportunità per svoltare.

Si impegna a fondo, crede nel nostro progetto e sopratutto dà tutta stessa, mettendo anima e corpo nel progetto. La cosa che differenzia Giorgia dalle altre persone è il desiderio bruciante di sistemare la propria situazione e di vivere finalmente la vita dignitosa e felice che non aveva mai vissuto prima.

Dopo qualche mese si licenzia. Ora con noi guadagna come un direttore di banca, e online ha anche trovato il fidanzato americano. Adesso vive tra l'Italia e Los Angeles e ha potuto garantire alla madre quell'assistenza sanitaria che l'ha accompagnata dignitosamente negli ultimi anni di vita.

Ogni volta che ci vediamo mi abbraccia e mi ringrazia, e io non posso fare a meno di piangere di felicità vedendo come la sua vita è stata completamente stravolta anche grazie al mio lavoro.

DANIELE

A Daniele il Network Marketing ha letteralmente salvato la vita, perché gli ha ridato la dignità e la possibilità di mantenere la famiglia.

La sua storia inizia nel 2012. Ha un lavoro e le problematiche che hanno tutti con la crisi: una vita difficile, ma comunque riesce a tirare avanti. Lavora come dipendente in una ditta che prende in appalto la costruzione di imbarcazioni di lusso, fino a che l'azienda non ha più l'appalto e lui viene lasciato a casa. Comincia a mandare curriculum ma non trova risposta, non riesce a pagare più le bollette e l'affitto e dopo un anno arriva lo sfratto e la famiglia si divide. Lui torna a vivere con i propri genitori, mentre la compagna e i figli trovano ospitalità dai suoceri. Si sente un fallito non riuscendo a mantenere la propria famiglia. Una volta a settimana deve farsi prestare i soldi per prendere l'autobus e andare a trovare i figli che abitano a 30 km di distanza. Quando entra in attività con me, non ha nemmeno i soldi per pagare le rate dei prodotti che aveva preso. Si accorda con la sua compagna e le promette che si sarebbe dato il tempo di soli 90 giorni per provava a fare un'attività di Network Marketing. O la va o la spacca. Si impegna da subito, ci crede, e nel giro di un anno riesce a prendere una casa in affitto, pagare le mensilità di cauzione e ammobiliarla. Adesso la sua famiglia si è finalmente riunita e vivono insieme a Torino. Questa storia mi ha toccato dentro e mi ha reso tanto felice per questa famiglia che ha ritrovato la sua serenità nel nostro Team.

MICHELE

Michele è un ragazzo che quando è entrato con noi era disoccupato. O meglio, aiutava gratuitamente i suoi genitori nel ristorante di famiglia.

Aveva provato a fare l'agente di commercio, non guadagnando nulla ma anzi facendo debiti, per poi finire a fare il magazziniere dove si sentiva sfruttato e umiliato, fino a perdere questo lavoro e vivere a 32 anni con i genitori completamente mantenuto da loro.

Quando conosce la nostra opportunità ha paura, perché non credeva di meritarsi di meglio e non credeva nemmeno di essere in grado. Poi un giorno lo chiamo e lo convinco a partecipare a un nostro evento. Lui raccoglie gli ultimi soldi che ha e viene. Me lo ricordo ancora, al suo primo evento. Tra le tante persone, ho notato i suoi occhi che brillavano, e quando gli occhi brillano significa che la persona sta sognando profondamente. Michele aveva deciso di sognare e di credere che fosse possibile. Si è impegnato e ha lavorato e lavora con grande costanza e determinazione. Ora guadagna il doppio di un direttore di banca. Vive da solo ed è gratificato economicamente e professionalmente.

STEFANIA

Stefania è una mamma di 48 anni e ha sei figli. Sì, esatto: sei. Appena me l'ha detto, mi ha fatto strano perché non si incontrano tante persone con una famiglia così numerosa. Io di figli ne ho due e vedo le cose da fare a casa, immagino con sei!

Per questa ragione, Stefania non può trovarsi un lavoro tradizionale in un ufficio, e cerca una soluzione per poter lavorare da casa e contribuire al budget famigliare, perché anche se il marito ha un buono stipendio, otto persone in casa sono tante!

Per troppi anni Stefania ha fatto rinunce e tirato la cinghia per mantenere la famiglia, ma quando i figli crescono, le spese aumentano notevolmente, e con le spese anche lo stress di Stefania.

Per la necessità di conciliare gli impegni di mamma a quella di contribuire al reddito economico della famiglia, Stefania decide di iniziare un'attività di Network Marketing. Inizialmente lavora con il metodo tradizionale, invitando persone a casa e muovendosi in auto per andare a fare party nelle case. A breve, però, questa situazione le inizia a pesare: le trasferte le rubano troppo tempo e lei non riesce più a dedicarsi alla prole.

Quando vede che noi operavamo principalmente da casa e con i social media, decide di iniziare con noi. Ora guadagna uno stipendio che porta tanta serenità in casa, e lo fa tra una lavatrice e l'altra, tra un passaggio e l'altro per portare i figli a fare sport. Stefania è solo una delle tante donne che riesce a conciliare il ruolo di mamma, potendo essere sempre presente con i figli, e allo stesso tempo contribuire economicamente in casa ed essere gratificata a livello professionale.

ELISABETTA

Elisabetta è una mamma di due bimbi in età scolare.
Dopo la sua prima gravidanza, aveva deciso di licenziarsi da un lavoro a tempo indeterminato, solo e semplicemente perché era giovane e convinta che avrebbe trovato immediatamente un altro posto vicino a casa.
Non è stato così. In qualità di neomamma, per il mondo del lavoro tradizionale non rappresentava una sicurezza.
È allora che conosce la vendita diretta. Vi si dedica per 4 anni, raggiungendo anche importanti risultati professionali. Un giorno del 2014, però, sua figlia di 5 anni le dice: "Mamma, sei sempre via, non sei mai con noi".
La più grande pugnalata che una mamma potesse ricevere.
Elisabetta aveva scelto di essere autonoma per stare con i figli, ma ora si trova ad essere in auto pomeriggio e sera per

incontrare clienti e collaboratrici e per partecipare alle riunioni.

Così decide di dimettersi anche dall'azienda di vendita diretta. Passa alcuni mesi in confusione totale perché non vede alternative per avere un'entrata economica restando accanto ai suoi figli.

Poi, un giorno, riceve un messaggio in Facebook. Un ragazzo le chiede se fosse stata disposta a valutare un'opportunità online da svolgere in base al suo tempo. Elisabetta accetta.

Da allora, si dice letteralmente innamorata della strategia funzionante e della mission aziendale. La cosa che la affascina di più è il fatto che non le sono state richieste competenze specifiche: ha potuto partire da zero e costruire il suo business, come avevano già fatto altre migliaia di persone.

Le è bastato avere uno smartphone e l'entusiasmo di imparare una nuova professione. In tre anni è tornata a sognare e a realizzare ciò a cui aveva rinunciato per mancanza di tempo e soldi.

Oggi è direttrice Internazionale di una multinazionale. "Ma se sono qui è perché mi son permessa di sbagliare, di correggermi, ho accettato momenti tosti e difficoltà", dice di sé.

Il Network Marketing come opportunità

Non penso di dirti nulla di strano se ti dico che il mondo è completamente cambiato negli ultimi tempi, in particolare nel mondo del lavoro.

Quello a cui abbiamo assistito e stiamo assistendo è una grande diminuzione del lavoro dipendente, a noi familiare perché il 95% dei nostri genitori ha intrapreso questa strada.

Lo possiamo vedere in tanti aspetti della nostra società, dove il lavoro delle persone è stato sostituito dalle macchine. Penso al telepass che ha tolto il lavoro ai casellanti, o anche al bancomat da cui possiamo prelevare contanti comodamente senza l'intervento dell'impiegato bancario, o al commercio online che sta prendendo fette di mercato sempre più consistenti, ai commercianti tradizionali ormai in tutti i settori. Questi sono solo tre dei tanti esempi che possiamo citare, a cui si aggiungono forme contrattuali sempre più flessibili che ci fanno capire che il posto fisso oltre a essere sempre meno presente, è anche sempre meno sicuro.

In passato i nostri genitori erano abituati a trovare un buon lavoro subito dopo il diploma o la laurea. Lavoravano per un po' di anni e a 50 anni potevano andare in pensione e godersi gli ultimi anni della vita in tranquillità, magari viaggiando ma comunque con poche preoccupazioni. Adesso l'età pensionabile è passata a 67 anni, e quindi gli anni per godersi la pensione non sono più cosi tanti, sempre che si abbia la fortuna di arrivarci.

E noi essere umani quando abbiamo visto e vissuto una realtà per tanti anni, tendiamo a considerare quella situazione come verità assoluta e proseguire in quella direzione anche se non è sempre stato così. Prima dell'ultima Rivoluzione Industriale, infatti, le persone erano autonome e piccoli imprenditori per la maggior parte.

E nonostante oggi la situazione sia visibilmente cambiata, ci sono ancora tanti ragazzi che dopo la laurea continuano a cercare il lavoro sicuro e "per cui hanno studiato".

C'è un ragazzo che incontro in palestra che ha 28 anni, laureato in scienze ambientali ormai da un po', e che aspetta concorsi su concorsi per fare quello "per cui ha studiato", magari facendo qualche piccolo lavoretto per racimolare qualche centinaio di euro al mese. Credo che il modo di pensare di certe persone sia talmente fisso, che non mi stupirei di incontrare di nuovo questa persona a 50 anni che ancora cerca lavoro. Del resto, come puoi trovare qualcosa che non esiste più? O che comunque non esiste più come in passato eravamo abituati a pensare.

Se si trova, si trova comunque a condizioni che permettono forse di sopravvivere, ma non vivere, e ci si ritrova a lavorare 8 ore al giorno fino a 67 anni (fino a tre anni fa mi sembra fosse 62 anni, ma le cose cambiano con il tempo e magari tra un po' supereremo quota 70) per poi andare in pensione con il 50% di quello che già non bastava per vivere prima e vivere gli ultimi anni, quelli in cui avremo già preoccupazioni per la salute che deteriora, anche pieni di preoccupazioni economiche!!

A proposito di pensioni, i trend demografici ci dicono che di figli se ne fanno sempre di meno, e sempre più tardi. Se si aggiunte il fatto che si lavora meno ore e in modo meno continuativo, i contributi pagati saranno per forza minori.

E le cose non sembrano poter migliorare. Il debito pubblico è alle stelle, e le aziende tradizionali non se la passano in ottime acque.

E se stai pensando di avviare una tua attività, sappi che anche per le piccole attività (bar, ristoranti, negozi, commercio o produzione in genere) sono necessari decine, se non centinaia di migliaia di euro, oltre ad essere disposti ad essere schiavi della propria attività 12 ore al giorno per tutta la vita. E non solo, è necessario anche avere già competenze, una mentalità imprenditoriale, e caratteristiche personali che il 99% delle persone non ha ancora maturato e non ha nemmeno idea di come maturarle. E quelli che si avventurano ad aprire la propria attività, si ritrovano ad alimentare i numeri delle statistiche, con oltre 9 attività su 10 che falliscono. E fallire quando hai investito decine e centinaia di migliaia di euro solitamente significa portarsi dietro per tutta la vita debiti che con tutta probabilità non si potranno più ripagare, con tutte le conseguenze spiacevoli che questo comporta.

Per tutti questi fattori, ritengo che il Network Marketing sia l'unica opportunità per avviare una propria attività, anche partendo da zero, senza competenze e senza capitali. "L'unica speranza per il 95% della popolazione mondiale", come dice il famoso autore Robert Kiyosaki.

L'unica opportunità per iniziare ad esercitare i propri muscoli imprenditoriali senza dover fare debiti e rischiare l'osso del collo come nelle altre attività tradizionali di cui ti ho parlato prima.
In sostanza, il Network Marketing è un percorso che porta a sviluppare le abilità e la forza mentale che sarebbero necessarie per avviare un'azienda tradizionale, ma qui lo si fa senza dover supportare gli stessi rischi, pur mantenendo

ottime prospettive di crescita personale ed economica.

E soprattutto, si gode di uno stile di vita invidiabile. Non hai un capo, gestisci in autonomia i tuoi tempi e, grazie a Internet, puoi lavorare veramente da dove vuoi, anche vicino ai tuoi figli se ne hai: è il caso di tante neomamme, rinate professionalmente dopo la maternità, quando invece le loro aziende le avevano lasciate a casa o penalizzate dal punto di vista contrattuale.

Io, per esempio, lavoro dal mio ufficio di casa, attaccato alla camera da letto, dove almeno una volta al giorno schiaccio un pisolino ristoratore. Quando i miei figli tornano da scuola, li vado ad abbracciare, ci gioco un attimo o anche di più se voglio, e non devo chiedere il permesso a nessuno. Se una mattina non ti senti bene o semplicemente vuoi riposarti, non devi chiamare nessun capo che ti risponderà con voce arrabbiata. Prendi la tua decisione, sei tu il capo di te stesso, con tutti i vantaggi ma anche con tutte le responsabilità che questo comporta: attenzione a non essere un capo distratto e troppo benevolo verso te stesso.

Cosa puoi trovare di più figo di questo nel mondo del lavoro tradizionale? Io non riesco ad immaginare uno stile di vita migliore, anche se lo confronto con persone che sono professionisti e imprenditori di successo.

Ho amici avvocati che passano veramente tante ore in ufficio, lontano da casa. Quando gli chiedo come va, mi dicono che non vedono l'ora che arrivino le ferie. Ho un amico che è un costruttore di successo e dalle 8 della mattina non si stacca mai dal telefono fino alle 10 di sera.
Conosco anche impiegati e manager, in aziende pubbliche o private, che non amano il loro lavoro e lo vedono solo come una fonte di sostentamento.
E se passi tante ore sul lavoro che non hai tempo per te stesso, o fai un lavoro che magari ami ma che ti costringe a stare troppo tempo fisicamente sul posto di lavoro, lontano dalle cose importanti per te. Forse non è questa una forma di schiavitù?

Il lavoro occupa una fetta importante della nostra vita (circa un terzo). Per questo dovrebbe essere un'attività che si ama, qualcosa che gratifica nel profondo, qualcosa in cui si metta tutta la propria passione e l'amore del mondo, qualcosa per cui ridere e piangere, divertirsi, e attraverso il quale creare relazioni e aiutare gli altri.

Se stai leggendo questo libro, sicuramente sai cosa intendo. Ci sono poche categorie, oltre a noi Networker, che possono veramente dire di fare qualcosa di bello e gratificante, che le riempia il cuore e le faccia sentire realizzate.

Ma c'è una contropartita. Anche il Network Marketing comporta una certa disciplina. Nella vita niente viene gratis, c'è sempre un prezzo da pagare. E per avere uno stile di vita di questo tipo, devi diventare un professionista. Devi acquisire tutte quelle competenze che ti servono, e io ne ho individuate almeno quattro, le fondamentali:

1. Psicologia d'acciaio

2. Capacità di generare contatti, anche grazie alla creazione di un proprio brand

3. Comunicazione efficace, per trasformare i contatti in clienti e in incaricati

4. Leadership, per creare e far prosperare il tuo gruppo.

Approfondiremo queste competenze nel corso di questo libro, cercando di portarti anche la mia esperienza decennale e di successo nel campo, che mi ha portato ha vivere la vita che sognavo. Ti guiderò passo dopo passo a percorrere tutti gli step che ti serviranno per fare il salto di qualità nella tua attività.

Scelta Azienda

In questo capitolo ti parlo di un argomento molto spinoso nel nostro settore, ovvero come scegliere l'azienda giusta di Network Marketing per te. E non solo l'azienda giusta, ma il gruppo di leadership giusto per te. Perché una buona azienda produce un ottimo prodotto, lo consegna ai clienti e paga gli incaricati con puntualità svizzera ogni mese. Ma è il gruppo di leadership che ti mette a disposizione gli strumenti, la formazione e il sistema che ti consentiranno di creare una grande rete in grado di sviluppare un fatturato importante, che generi ogni mese alte provvigioni per te.

Capire quale possa essere la situazione giusta per te non è un compito semplice, per tante ragioni che cercherò qui di sintetizzarti nel limite del possibile.

Pensa che io ho investito 8 anni di lavoro, sudore, sacrifici, emozioni, solo per ritrovarmi in mano un pugno di mosche. E siccome ci sono passato, come tantissimi altri, posso affermare che si tratta di una delle esperienze più devastanti per una persona dal punto di vista emozionale.

In un attimo vedi il tuo sogno svanire, anni della tua vita investiti male e buttati via perché non avevi le conoscenze giuste e non ti sei preso il tempo per ragionare in modo lucido. Vedi svanire relazioni che avevi costruito nel tempo, e rischi di vivere in modo molto forte il trauma della separazione da un gruppo di persone. Ci sono passato, con tutta probabilità ci sei passato anche tu che stai leggendo, e sai che non è semplice. Per molti, una situazione di questo genere è la mazzata definitiva che può fargli abbandonare definitivamente il Network Marketing.

In realtà, ogni esperienza può servire. Tutti noi che ci siamo passati abbiamo sicuramente imparato qualcosa e siamo cresciuti. Ma avendola sperimentata di persona e avendo visto tantissime persone vivere questa stessa situazione, posso assicurarti che fa veramente male.

Vedi, usare il Network Marketing è una scelta abbastanza facile per un'azienda che vuole farsi conoscere sul mercato e vendere i propri prodotti, dal momento che paga i distributori solo a fatturato raggiunto. Questo fa sì che ci siano tantissime realtà che approdano a questo sistema, per loro estremamente conveniente. E spesso lo fanno in modo poco limpido, magari senza avere sede in Italia o pagare le tasse in modo regolare.

Purtroppo, in questo settore ci sono tante, tantissime pseudo aziende/opportunità non solo inefficaci, ma anche ai limiti del legale. Mi riferisco ai tanti schemi ponzi che usano la scusa dell'investimento e del fatto che basta mettere soldi per guadagnare.

Ne nascono come i funghi e puoi riconoscerle dal fatto che "vendono" investimenti e promettono rendimenti molto ma molto elevati, anche il 20/25 per cento al mese, e rimangono a raccogliere i soldi fino a quando, dopo aver inventato un po' di scuse per bloccare i pagamenti, decidono di scappare con il malloppo. In 10 anni, su Internet ne ho viste tante e purtroppo continuo a vederle. Queste realtà sfruttando l'ignoranza delle persone e il mito del guadagno facile, con slogan del tipo "Non devi vendere nulla", "Qui guadagnano tutti", "È impossibile non guadagnare".

Ogni volta che c'è uno spostamento di denaro, senza che ci sia un prodotto o un servizio vero alle spalle, si parla di schemi ponzi e sono illegali, quindi meglio starne alla larga. Poi ci sono situazioni che, pur essendo legalissime, non sono efficaci e non permettono di costruirti qualcosa di importante nel tempo. Io dico sempre che da Roma a Milano puoi andarci in bicicletta, con una Panda o con una Mercedes. È questa la differenza tra scegliere un sistema più o meno efficace.

Ti descrivo la mia esperienza. A fine 2006 ho iniziato un

network su Internet di servizi (si trattava di scontistica sugli acquisti). Era già da un po' che sondavo il terreno e parlavo con le persone, e alla fine ho deciso per questa opzione su Internet perché altre aziende mi chiedevano di incontrarci personalmente e farmi un'ora di strada per frequentare i loro corsi di formazione in loco (a quel tempo abitavo a Roma e avevo ancora il mio lavoro in Banca). La realtà che scelsi, invece, mi permetteva di evitare le lunghe trasferte in auto e svolgere la formazione a distanza. Inoltre, tutto il sistema si appoggiava alla rete. I contatti venivano fatti tramite siti di annunci gratuiti su Internet, e poi al telefono e per email si spiegava l'opportunità.

In sostanza, le persone per entrare pagavano una quota mensile (circa 25 euro al mese) per aver accesso alla formazione e al sistema, dove potevano ottenere dei rimborsi in denaro se facevano acquisti su una serie di negozi online. Il problema era che il guadagno derivava al 99% dal pagamento della quota mensile e non essendoci veri prodotti che le persone potevano mangiare o usare in qualche modo, i margini di guadagno erano troppo bassi. Questo unito al fatto che si svolgeva tutto online. Era previsto un solo incontro fisico all'anno. In più, la ritenzione degli incaricati era molto bassa, tanto che uscivano più persone di quelle che entravano.

In quel periodo avevo sentito un principio del successo che mi era rimasto in mente. In sintesi, quando si prende una decisione su un percorso, per avere successo ci si mette i paraocchi e ci si focalizza totalmente su quella strada, esattamente come fanno ai cavalli che corrono le gare.

Io mi sono messo i paraocchi, ho lavorato duro, parlato con persone ogni giorno per 5 anni dalle 18.30 alle 20.30 ed ha funzionato, tanto che sono arrivato ad essere il numero 3 o 4 dell'azienda a livello mondiale. Tu dirai che è un gran risultato, è vero, il problema è che il guadagno era inferiore a quanto guadagnavo in banca.

Per farti un paragone, dove sono adesso penso di essere circa al 50 esimo posto in Europa, ma guadagno 6-7 volte quello che guadagnavo in banca e la mia organizzazione da sola è più grande di tante aziende di vendita diretta esistenti in Italia.

Per fortuna, ad un certo punto, mentre stavo giocando a tennis, mi è venuta un'illuminazione. Mi sono detto: "Se in un'azienda che esiste da oltre 10 anni, nessuno è diventato finanziariamente libero, nemmeno il proprietario, perché dovrei riuscirci io?"

Ho abbandonato l'azienda e successivamente sono entrato in una start up italiana, dove per 2 anni sono stato il distributore numero uno. È stata un'esperienza valida e formativa, dalla quale ho imparato tanto. Ma vivendola da dentro, ho vissuto vari problemi e situazioni che accadono in un'azienda nuova. Allora ho capito che gli svantaggi erano molto maggiori dei vantaggi. Tra l'altro, i cambiamenti di piano marketing e di sistema non mi entusiasmavano. Personalmente, l'ostacolo più grande per me è stato soprattutto il sistema di marketing che prevedeva principalmente party in casa e tanti incontri offline, migliaia di chilometri e tante notti fuori casa che non ero disposto a fare.

Poi ho scelto una terza azienda. Nei primi 5 mesi non ho guadagnato praticamente nulla e speso molto di più. Il materiale di marketing che avevo a disposizione semplicemente non piaceva alle persone, e online non sono stato in grado di trasmetterne il valore. Magra consolazione, qualche mese dopo il mio abbandono quest'azienda è fallita.

A questo punto, dopo tutti questi tentativi, non credevo più nel settore. Mi trovavo a 38 anni disperato, mi sentivo un fallito e non avevo idea di come avrei potuto mantenere i miei figli.

Ma per fortuna non avevo altre possibilità oltre a quella di provare nuovamente a fare qualcosa in proprio. Dalla Banca mi ero già licenziato. E così ho dovuto (o forse voluto?) ritentare un'ultima volta con il Network Marketing. E questa volta, per fortuna, ho scelto una realtà che funzionasse veramente, sia a livello di sistema che di leadership.

Questa volta mi sono fatto veramente guidare dalla domanda che ti ho scritto prima, ovvero: "Quante persone stanno guadagnando? Quanto? Da quanto tempo?"
E me ne sono voluto accertare di persona, con i miei occhi, facendomi mostrare nero su bianco i loro conti correnti. In un attimo, dati alla mano, mi sono reso conto di come quell'opportunità avesse realmente cambiato la vita di tante persone. Poi mi sono impegnato al massimo, come non avevo mai fatto in vita mia e le cose hanno funzionato al di là delle mie più rosee aspettative.

In questo capitolo ti suggerirò alcune considerazioni che devi fare quando sceglierai l'opportunità che fa al caso tuo. Se operi già in una realtà e sei soddisfatto di dove sei, questi punti ti faranno riflettere sulla scelta giusta che hai fatto. Inoltre, potrai meglio comprendere quali punti della tua opportunità dovrai evidenziare quando ne parlerai con le persone o durante una presentazione.

Ti parlerò di questi aspetti da tenere in considerazione:

a) difficoltà di scelta causata dal grande numero di opportunità,

b) prodotto,

c) azienda,

d) leader/ambiente,

e) sistema,

f) piano compensi,

g) tempistica.

NUMERO DI OPPORTUNITÀ

Quando si sceglie un'opportunità, il primo problema che si affronta è il numero delle opzioni. Le aziende di network sono tante (e ancora di più sono i gruppi di leadership), le presentazioni sono standardizzate ed efficaci, chi fa la presentazione magari è bravo ed entra in sintonia con te (spesso tendono a piacerci le persone che sono simili a noi, e quindi magari possiamo entrare in empatia e fare amicizia con persone che ottengono pochi risultati, se anche noi siamo così, quindi stai attento a questo punto).

Ti consiglio di scegliere un'azienda che sta sul territorio nel modo giusto, quindi con sede legale in Italia, con tutte le procedure legali e fiscali in regola e magari anche iscritta ad Avedisco (l'associazione delle aziende di vendita diretta). In questo modo sei tutelato e sai che stai operando alla luce del sole, tutto viene fatto in modo regolare e puoi dormire sonni tranquilli.

PRODOTTO

La prima regola del Network Marketing è essere prodotto del prodotto, ed è fondamentale. Ami il tuo prodotto? Lo prenderesti anche se non ci fosse l'opportunità di guadagno? L'hai provato? Come ti fa sentire?

C'è un bisogno effettivo del prodotto o dobbiamo crearlo? Per farti un'idea sul sito di Avedisco c'è un elenco del fatturato in Italia diviso tra i vari settori della vendita diretta, divisi per prodotto commercializzato (alimentazione/nutrizione circa un 75% delle vendite, cosmesi e accessori 8%, beni durevoli e beni per la casa 6%, dati 2018).

Il prodotto è unico o ci sono più aziende che commercializzano quel prodotto?

Il consumo di questo prodotto viene fatto solo dagli incaricati o anche da clienti veri (persone che consumano il prodotto indipendentemente dalla possibilità di guadagno). Se la percentuale di clienti è elevata, magari 80-90%, il fatturato è molto più stabile, e così anche la tua rete, perché se i tuoi incaricati fanno un buon numero di clienti, ovviamente aumenta il fatturato e il guadagno per tutti. E gli stessi incaricati saranno più motivati a rimanere perché avranno un pacchetto clienti più redditizio e che gli permetterà di guadagnare anche nelle fasi iniziali del loro business, quando ancora non hanno costruito il loro team.

E per dirtela tutta, lo scopo di un'organizzazione di Network Marketing è portare un prodotto sul mercato, non quella di iscrivere migliaia di persone che fanno autoconsumo.

AZIENDA

Altri fattori da considerare per l'azienda sono l'età, la proprietà, il management e il loro passato.

Per quanto riguarda l'età, se un'azienda esiste da più anni significa che è stabile e con tutta probabilità continuerà ad esistere. Per le aziende estere che entrano nel nostro paese, chiediti da quanti anni sono entrate o se stanno entrando solo adesso. Ci sono tante aziende che nel mondo funzionano, poi però hanno provato ad entrare in Italia e si sono accorte che in Italia non riescono a fare gli stessi numeri che altrove. Quanto sei disposto a investire la cosa più preziosa che hai (il tuo tempo e il tuo lavoro) in qualcosa che ha un'elevata probabilità di insuccesso?

La proprietà che storia ha? Cosa ha fatto in passato? Ha sempre pagato tutti e si è sempre comportata onestamente? Ripeto, investire tempo e lavoro merita le ricerche del caso. Stessa cosa si può dire per i leader. Chi sono? Che successi hanno avuto o stanno avendo? Sono rimasti fermi in un'azienda o cambiano un'azienda ogni 1-2-3 anni? Hanno i risultati che tu vuoi avere? Sono persone a cui senti di ispirarti?

Queste riflessioni sono importanti perché l'azienda e i leader creano l'ambiente in cui tu ti troverai ad operare e a far parte. È sicuramente bello stare in un ambiente armonioso e di persone che si comportano in modo onesto e sono felici di stare lì.

Il senso di appartenenza è molto importante. Quando c'è affiatamento e condivisione tra le persone, si lavora con più entusiasmo, ci si confronta liberamente e si cresce più velocemente. Per questo motivo devi anche cercare di capire chi fa parte della tua "success line" (la linea del successo), ovvero chi è il tuo sponsor e le sue upline, perché quelle saranno le persone con cui lavorerai a stretto contatto e che ti aiuteranno nel tuo percorso.

E anche tu devi essere felice di stare nel tuo gruppo, altrimenti diventa difficile lavorare in un ambiente in cui non si sta bene. In relazione a questo punto, un'altra considerazione importante da fare è quella riguardante la nicchia demografica e sociale a cui si rivolge principalmente l'opportunità.

Sto parlando del fatto che ci siano più donne o uomini, persone più o meno giovani, ambiente più formale (giacca e cravatta) o meno formale. A seconda della cultura del gruppo di appartenenza o anche del sistema di marketing, troverai che un'opportunità è più adatta a un gruppo sociale piuttosto che un altro. Tu quale preferisci? Con chi ti trovi meglio?

La scelta è del tutto soggettiva e dipende dal tuo carattere, dalla tua personalità e dalla tua identità. Verosimilmente, ti verrà più facile comunicare con persone simili a te per età, cultura, valori e interessi.

A prescindere da questi ragionamenti, le donne rappresentano l'80% circa delle incaricate alla vendita diretta, pertanto se sei un uomo sarà comunque buona cosa che impari a comunicare in modo empatico ed efficace con loro.

Un altro aspetto fondamentale sono i sistemi di marketing che vengono usati per promuovere prodotto e opportunità. La maggior parte dei leader continua a usare i sistemi tradizionali (presentazioni in casa o in alberghi) che continuano a funzionare per le persone un po' più in là con gli anni e per coloro che hanno già un bel circolo sociale, ma non funzionano più per la stragrande maggioranza delle persone.

Io, per esempio, preferisco lavorare da casa con il computer o in giro con il mio cellulare e ho scelto una realtà che ha un sistema testato e funzionante sui social media. Ti parlerò di come usare efficacemente i social media in un capitolo apposito.

I social media sono un po' come la piazza di una volta, con la differenza che ti rendono connesso praticamente con il mondo, ci puoi trovare praticamente tutte le persone. Perciò un metodo di lavoro che integra una tecnologia come i social media, dove le persone passano il tempo, ti offre la possibilità di fare tanti contatti in modo diretto e veloce. Ovviamente bisogna saperlo fare, e questa è una competenza fondamentale da acquisire per il networker professionista moderno.

Chi ha un metodo sui social media, ha solitamente un target di persone più giovane rispetto a chi non ce l'ha.

PIANO MARKETING

L'ultimo aspetto da valutare quando si sceglie un'opportunità è il piano marketing. È proprio l'ultimo, mentre invece la maggior parte dei dilettanti allo sbaraglio punta principalmente su questo per cercare di sponsorizzare nuove persone.

Perché è l'ultimo? Primo perché ogni azienda stabile e seria paga pressoché lo stesso in termini percentuali ai distributori (perché dovrebbe pagare diversamente) e poi perché capire come paga un piano marketing è una cosa che veramente in pochi riescono a fare: come ti dicevo, l'aspetto da considerare è quante e che tipo di persone riescono a guadagnare, e quanto.

E anche se un'azienda pagasse il 90% e poi non avesse un sistema efficace per vendere i suoi prodotti, o i suoi prodotti non fossero poi così di qualità, se tu non riuscissi a vendere o le persone non riordinassero, guadagneresti poco comunque.

Come avrai già intuito, l'argomento è complesso. In questo capitolo ho cercato di offrirti spunti di riflessione per fare le tue scelte al meglio. Ho anche preparato un corso di oltre 2 ore che in passato ho fatto pagare e che ora ti regalo come forma di ringraziamento per aver investito su te stesso e acquistato questo libro. Lo trovi a questo link:

www.lorenzocicetti.com/scegliere-opportunita

Le competenze da acquisire

Come ogni attività, anche nel Network Marketing servono competenze specifiche. Non puoi pensare di riuscire da subito alla grande se non hai le competenze, e non puoi sviluppare competenze se non agisci. Le competenze le acquisisci principalmente sul campo, possiamo dire 20% formazione e 80% azioni.

La cosa fondamentale da tenere presente è che non sei un albero, puoi cambiare, anzi dovrai cambiare se vuoi avere successo. E il punto di partenza del cambiamento è che, se non hai una competenza, il tuo lavoro è mettere in agenda le cose da fare e da studiare per acquisire proprio quelle competenze che ancora ti mancano. Purtroppo la maggior parte delle persone pensa che le competenze siano un qualcosa di statico, che abbiamo o non abbiamo, questa e quell'altra cosa non la so fare e quindi non fa per me. Ad esempio, sono timido, quindi un'attività in cui devo parlare con le persone non fa per me, oppure ho studiato per questo, e quindi non posso fare altro.

Per diventare un professionista in qualcosa, gli esperti indicano la regola delle 10.000 ore. Ovvero servono 10.000 ore di pratica in una disciplina (che sono circa 6-7 anni di lavoro) per diventare un super esperto e professionista di quell'ambito. Secondo me è un tempo abbastanza lungo. Personalmente ho visto persone diventare brave anche in 1-2 anni, ma sicuramente non in 1-2 mesi.

Ci sono sostanzialmente due grandi errori che noi esseri umani commettiamo. Il primo è che non pensiamo di poter cambiare. Pensiamo che siamo fatti così, che non cambieremo mai. Invece, io ti dico che per ottenere un qualcosa che non hai mai avuto, devi diventare la persona che non sei mai stata, con abilità, modi di pensare e comportarti diversi. E puoi farlo: gli esempi di persone che diventano persone diverse e migliori sono sotto gli occhi di tutti. Tra l'altro, crescere come persona è qualcosa di entusiasmante. Arricchisce te e le persone che ti stanno intorno.

Il secondo errore è quello di sovrastimare quello che possiamo fare nel breve termine, e sottostimare quello che possiamo fare in 1-3-5-10 anni. Quando le persone vengono da me a lamentarsi che dopo pochi mesi non hanno completamente svoltato e non guadagnano quello che hanno in testa, io gli racconto la verità, ovvero che ci ho messo circa 10 anni per raggiungere e poi superare i 10 mila euro al mese di guadagno. A questo punto, alcuni riescono a ripensare al loro impegno su una prospettiva di lunga durata; altri mi dicono che non sono disposti a investire 10 anni per raggiungere questo risultato e cercano scorciatoie o cambiano strada. Di queste persone che hanno cambiato strada, finora non ne ho ancora conosciuta una che ha avuto successo in altre strade.

A questo punto dovresti aver capito che per riuscire in tale settore, oltre ad avere "fame", determinazione e aver preso la decisione di non arrenderti mai, ti servono le competenze. E la prossima parte di questo libro la dedicherò a darti indicazioni su quali sono le competenze che dovrai sviluppare per avere successo e diventare un vero professionista del Network Marketing. Te le sintetizzo qui. Più avanti le approfondiremo nel dettaglio.

MINDSET/ROBUSTEZZA EMOZIONALE

Questa è a detta di tutti la competenza più importante. L'80% del tuo successo passa da qui. Il mindset è la tua psicologia, il modo in cui pensi, le tue credenze, le storie che ti racconti, il modo in cui vedi il mondo. In quest'attività devi diventare una roccia. Noi diciamo che devi avere una psicologia di acciaio e non farti abbattere dagli alti e bassi che ci sono in ogni attività imprenditoriale. E non solo, essendo un'attività in cui il nostro scopo è aiutare le persone a crescere, devi sapere in anticipo che molte persone non ce la faranno (o meglio molleranno, che è diverso), e quindi non dovrai solo gestire i no e la paura del rifiuto, ma anche l'abbandono, dal momento che succederà che ti lasceranno anche persone con cui magari hai passato anni insieme e con cui hai condiviso amicizia, emozioni, gioie e dolori.

VINCERE LA PAURA DEL GIUDIZIO

Non essere condizionati da quello che gli altri pensano di noi potrebbe essere inserita nella robustezza mentale, questa paura è ciò che fa più morti di tutti nel nostro settore, ho voluto approfondirla per bene. Purtroppo quello che pensano gli altri ci condiziona e anche profondamente, è un dato di fatto. Ma solo ragionando con la nostra testa e prendendo le decisioni più in linea con quello che veramente vogliamo dentro di noi possiamo raggiungere i risultati che vogliamo.

CAPACITÀ DI FARE CONTATTI E DI CREARE RELAZIONI

La capacità di fare contatti racchiude in sé un po' diverse competenze. Di base è la capacità di creare una relazione con un altro essere umano, entrarci in empatia, ascoltarlo, interessarsi a lui per far in modo che lui si interessi a noi.

Riguarda anche il marketing, perché adesso Internet e i social media ci permettono di creare relazioni con tantissime persone, da casa propria e da dove si vuole, a una velocità che prima era impensabile. Più avanti, nel libro, ti spiegherò come fare fare contatti con particolare riferimento ai social media.

CAPACITÀ DI COMUNICAZIONE

Abbiamo dunque visto che i contatti sono dappertutto, sono in ogni dove. Dobbiamo imparare a creare relazioni, ma poi bisogna che comunichiamo con le persone con cui entriamo in contatto in modo semplice, chiaro e soprattutto efficace. Non dovrai diventare un venditore professionista, ma comunque devi essere in grado di trasferire nel modo giusto la tua convinzione sul prodotto e sull'opportunità, altrimenti non vendi né sponsorizzi. Nell'era digitale saper comunicare nel modo giusto significa anche creare un proprio brand, ovvero un tuo stile comunicativo che piaccia al tuo target di riferimento e che invogli le persone a seguirti sui social media, incuriosite da quello che dici.

SAPER INVITARE

Invitare le persone a visionare la tua opportunità e i tuoi prodotti è una competenza cruciale.

Se non riesci a mostrare a nessuno quello che hai da offrire, che risultati puoi ottenere? Pertanto, diventare bravo a invitare è una competenza che farà veramente la differenza nella tua attività. Servono sapere le basi e poi tanta pratica.

RISPONDERE ALLE OBIEZIONI

Le obiezioni sono un grande segnale di interesse da parte delle persone. Se non fossero interessate, direbbero di no velocemente e se ne andrebbero. Saper rispondere alle obiezioni rappresenta per noi una grande opportunità non solo di aiutare a far capire meglio quello che facciamo o il prodotto che promuoviamo, ma soprattutto per creare un legame tra noi e l'altra persona e creare una relazione.

La chiave per rispondere efficacemente alle obiezioni vedremo che è accogliere, ascoltare e raccontare storie, la nostra o quella di altri.

RACCONTARE STORIE

Un Networker è fondamentalmente una persona che racconta la propria storia e la propria esperienza riguardante l'attività e i prodotti. Per questo motivo è fondamentale che tu sappia come raccontare la tua storia. Oltre alla tua storia, racconterai storie di altre persone che sono simili alla situazione in cui si trova la persona con cui parli.

SPONSORIZZARE, ESERCITARE LA LEADERSHIP E CREARE TEAM

Sponsorizzare, ovvero far entrare altre persone in attività, è una competenza fondamentale per iniziare a costruire il tuo gruppo. È un mix di diverse capacità relazionali: da entrare in rapporto con il prossimo fino a guidare l'altra persona a prendere una decisione.

La leadership è la capacità di ispirare e guidare le persone. Se vuoi avere successo nel Network Marketing devi diventare un Leader, punto. E questa è una delle sfide più grandi che affronterai e che ti porteranno molto fuori dalla tua zona di confort. Un leader è focalizzato, è compromesso, e fa in prima persona le azioni che vuole che le altre persone del Team facciano, e crea un ambiente a cui le altre persone vogliono appartenere.

PROMUOVERE GLI EVENTI

Promuovere gli eventi è l'abilità in assoluto più pagata della professione di Networker. Se vuoi creare un grande gruppo, solido e motivato, devi attribuire una grande importanza agli eventi, soprattutto quelli di destinazione, e trasmetterne in continuazione l'importanza al tuo Team.

Robustezza mentale

La robustezza mentale/mindset è la competenza numero uno che devi sviluppare per avere successo nella nostra attività. Sviluppare la psicologia d'acciaio può richiedere anni e non si finisce mai di imparare.

Serve per riuscire in tutte le attività autonome/imprenditoriali e soprattutto nella nostra attività che è un business emozionale.

Cosa intendo per emozionale?

Intendo che nessun'altra cosa nella vita ti metterà alla prova dal punto di vista emotivo come un'attività di Network Marketing. Le ragioni sono diverse.

Primo: entra nell'ottica che ci saranno alti e bassi e ti sentirai scoraggiato, ti verrà voglia di mollare, ci saranno giorni in cui sarai giù perché uno dei tuoi migliori incaricati molla o semplicemente perché stai prendendo molti no, o perché ti hanno detto che non funziona o peggio che dovresti vergognarti a fare una cosa di questo tipo.

Sicuramente ti sarai accorto che il Network Marketing non ha una bella reputazione in Italia, e questo comporta una perdita di credibilità sociale di chi lo fa. Ti prenderanno in giro, parleranno male di te, ti giudicheranno.

Perderai degli amici (sono veramente amici?) e alcune persone ti abbandoneranno. In questo senso fa pulizia, nel senso che rimuove dalla nostra vita persone che in realtà era meglio non avere vicino. Assorbire questi traumi richiede una grande forza interiore e la consapevolezza di quello che si sta facendo.

Un altro aspetto da considerare è che non si tratta di un lavoro dipendente ma di un'attività autonoma e imprenditoriale. Anche se non rischi capitale, comunque dipende tutto da te. E il ritorno dal tuo investimento di tempo non è certo.

Inoltre devi tenere presente che oltre il 90% di noi è stato programmato a fare il dipendente, ad essere controllato, ad avere degli schemi in cui muoversi.

Qui non hai un capo, sei tu il capo di te stesso, quindi sei chiamato a sviluppare l'autodisciplina. Ovvero fare le cose che devi fare anche se il tuo capo (tu) spesso è distratto. E posso assicurarti che avere l'autodisciplina e lavorare intensamente pur non avendo un capo, non è una cosa immediata. Richiede impegno, pianificazione e visione. Per quanto mi riguarda, è un aspetto a cui faccio attenzione continuamente.

In estrema sintesi, per avere successo, per diventare un leader, devi diventare forte e stabile a livello psicologico e rimanere forte anche di fronte alle difficoltà e agli ostacoli.

Per farti capire cosa significa, immagina il tuo cervello come un computer che ha un software, il sistema operativo che lo guida. E per noi è un po' così, dalla nascita veniamo programmati. Il nostro cervello è come un computer che incamera i programmi che i nostri genitori e l'ambiente ci insegnano.

I nostri programmi sono i pensieri che abbiamo, il nostro modo di pensare. Il nostro pensiero determina le nostre credenze, ovvero cosa crediamo di noi stessi e del mondo, e questo determina il nostro atteggiamento e le nostre emozioni, che a loro volta determinano le nostre azioni. Le azioni creano i risultati e i risultati determinano il nostro stile di vita.

Quindi tutto parte dai nostri pensieri, dalle convinzioni che abbiamo nella nostra testa e che ci sono state installate dai nostri genitori, dall'ambiente dove siamo vissuti, dalle persone con cui siamo stati in contatto e anche da quello che diciamo a noi stessi. L'insieme di tutte queste convinzioni viene anche chiamato "paradigma" o "visione del mondo".

Ad esempio, se sei convinto che i ricchi siano cattivi o che abbiano rubato per diventarci, ti guarderai bene dal fare le azioni che servono per diventare ricco (e questa è una convinzione molto diffusa nella nostra società). Ricordo bene pranzi interi di Natale e tantissime altre conversazioni con famigliari e parenti a parlare delle persone che nel paese avevano raggiunto la ricchezza. Ciascuno a casa provava a leggere i loro traguardi come il risultato di comportamenti non etici. "Avrà rubato… ha rovinato la famiglia… non si è comportato bene…".

Inconsciamente tendiamo a giustificare il successo di chi ce l'ha fatta adducendo qualche scusa o qualche illecito: era raccomandato, ha avuto fortuna, ha ricevuto una grande somma in eredità, è disonesto. Se qualcosa ci sembra non raggiungibile dalla nostra prospettiva (ovvero in base nostre credenze!), allora la riteniamo impossibile per chiunque. Se capiamo questo concetto, ci siamo dati la spiegazione per cui noi non potremmo mai avere successo. Ci autosabotiamo in partenza, precludendoci la possibilità di godere di quella ricchezza che tanto vorremmo anche per noi.

In relazione a questo aspetto, personalmente mi ha aiutato a cambiare di molto questo pensieri un mantra che Eker consiglia di ripetere e fare nostro: "Ammiro e imito le persone ricche e di successo". Non devi ammirare tutto di loro, ogni persona è diversa, ma almeno devi riconoscere che sono stati bravi a ottenere il successo e a mantenerlo, dal momento che raggiungere risultati importanti e continuare a farlo non è paragonabile a comprare un gratta e vinci e che se uno ha successo è perché sta vendendo un prodotto o servizio utile per il mondo.

Pensare che gli altri abbiano avuto una qualche forma di vantaggio rispetto a noi (anche se può essere vero), ci fa sentire come se le nostre probabilità di riuscire siano veramente basse, e se sentiamo questo immagina con che determinazione agiremo. Già hai capito che se non credi di riuscire, farai in modo che i risultati si allineino a quello che credi.

Un altro tipo di convinzioni fondamentali sono quelle che riguardano il Network Marketing, l'azienda in cui collabori, il prodotto che rappresenti.

Riguardo al Network Marketing ci è sempre stato detto che non funziona, che non è legale, che può finire da un momento all'altro, che il mercato si satura. Ed il bello è che continuano a dircelo, quindi non è del tutto semplice scacciare dal nostro inconscio questo stereotipo e sostituirlo con il fatto che è un'attività legittima, dignitosa, gratificante e remunerativa.

Come puoi convincerti di questo? Io mi sono convinto

guardando le migliaia di storie di persone del nostro gruppo (e non solo) che con questa attività stanno cambiando o hanno già cambiato la loro vita in modo tangibile. Guardavo (e guardo) quanto guadagnassero, da dove fossero partite, che esperienze lavorative avessero e quale fosse la loro situazione famigliare. Continuando a guardarle, a conoscerle e a parlarci, ho incorporato in ogni cellula del mio essere il fatto che se altre persone ce l'hanno fatta, anche io ce la posso fare, se altre persone hanno cambiato il loro atteggiamento, le loro azioni e i loro risultati, allora anche io ce la posso fare.

Io stesso, guardandomi ogni giorno allo specchio, mi rendo conto di essere un vero e proprio miracolato. Non capita tutti i giorni che un normale impiegato di banca guadagni come un grande manager di una multinazionale, e la stessa cosa vedo che succede a ex estetiste, cuoche, segretarie, addetti in un supermercato, baristi, camerieri, avvocati, solo per citare alcune categorie di lavoratori. Quindi il mio consiglio è di ascoltare le storie di chi veramente ce l'ha fatta. Conosci queste persone, facci due chiacchiere insieme. In fondo, la maggior parte di loro sono persone semplici, accessibili, disponibili che ci ricordiamo da dove siamo venuti. Io stesso agli incontri del nostro gruppo e alle convention aziendali mi fermo con piacere a fare una foto e a scambiare due chiacchiere con tutte le persone che me lo chiedono e lo faccio con molto piacere. Alcune persone all'inizio mi guardano e mi parlano come se fossi un marziano, ma poi cerco di fargli capire che sono una persona normale, esattamente come loro, che ho affrontato le stesse difficoltà che loro stanno affrontando ora, se non di più. E che se ce l'ho fatta io (anche se non mi considero arrivato per nulla e so che posso crescere ancora veramente tanto), ce la possono fare anche loro, a patto che non si arrendano e non smettano di credere nei loro sogni.

La convinzione più importante in assoluto è la convinzione che hai su TE STESSO. Cosa pensi di te stesso? Pensi che ce la puoi fare, che ne hai la capacità, che te lo meriti o pensi il contrario?
Come vedi te stesso? Come una persona di successo, un grande leader rispettato dagli altri o invece ti vedi come un fallito, un insicuro che non ce la farà mai?

Il tuo livello di successo dipende da questo, dipende dal tuo mondo interiore. Quello che vedi all'esterno come i risultati della tua vita non sono altro che le proiezioni di quello che stai vivendo dentro di te. E quindi se le cose che vedi all'esterno non ti piacciono o comunque vuoi migliorarle, è necessario anche che ti guardi un attimo dentro.

Se tendi a procrastinare, a non impegnarti, a scoraggiarti facilmente, è perché hai delle convinzioni su te stesso e sul mondo che non supportano i risultati che tu vuoi. Non fraintendermi, tutti ci scoraggiamo a momenti, ma la cosa importante è non lasciarsi bloccare da questi momenti. Dobbiamo sempre andare avanti con forza e determinazione.

Ora che hai compreso che i tuoi pensieri determinano la tua realtà, parliamo dei modi in cui puoi modificarli.

Il primo è avere chiaro che persona vuoi diventare. Che caratteristiche deve avere la persona che devi diventare per raggiungere i tuoi sogni? Guardati intorno e trai ispirazione da chi ce l'ha fatta: i tuoi leader, un personaggio famoso o un amico di cui hai stima.

Poi inizia a scrivere queste caratteristiche e ad immaginarti di essere quella persona. Noi diventiamo quello che immaginiamo, e la nostra vita si delinea per come ce la siamo immaginata in passato (lo so che stenti a credermi, ma pensa a come qualche anno fa pensavi che dovrebbe essere la tua vita).

Quindi, puoi scrivere e immaginare queste caratteristiche, ad esempio puoi scrivere che vuoi essere: più focalizzato, più costante in quello che fai, più aperto con le altre persone, più bravo a parlare in pubblico, e via dicendo.

Per cambiare i pensieri il meccanismo principale è la sostituzione, ovvero andare a riempire la tua mente con pensieri nuovi, potenzianti e costruttivi su te stesso e il mondo. E devi farlo con costanza, con la ripetizione costante di queste idee. Pensare spesso alla persona che vuoi diventare è un modo straordinario per dirigere i tuoi comportamenti in quella direzione.

Altri modi fondamentali sono la lettura di libri, guardare video e ascoltare audio. Passare del tempo con persone che hanno questa mentalità sarebbe il massimo. Ovviamente tu mettici apertura mentale, perché quello che noto io è che le persone che non fatturano hanno le loro opinioni, le manifestano e se le tengono strette. È come se stessero attaccati ad un'identità che hanno, e questa identità comporta pensarla in un certo modo. Io ti dico che non hai bisogno di una tua identità e tu non sei i tuoi pensieri, quindi puoi cambiarli, appunto con la ripetizione costante, mettendo in continuazione nella tua testa pensieri positivi e costruttivi.

Il libro che consiglio sempre a tutte le persone che lavorano con me per iniziare a costruire la propria mentalità d'acciaio è il libro "Pensa e arricchisci te stesso" di Napoleon Hill. Si tratta del libro capostipite di tutta la letteratura sulla crescita personale. Bob Proctor, famoso formatore a livello mondiale sulla ricchezza, che compare anche nel film "The Secret", consiglia di leggerlo in continuazione, anche decine e decine di volte. Lui stesso ammette che lo rilegge da 50 anni e ne porta una copia sempre con sé. Io ti consiglio di leggere e rileggere anche "The Secret", perché anche se alcuni pensano sia un libro non pratico, ti spiega i pensieri e soprattutto lo stato d'animo che devi avere per poter operare in modo costruttivo.

Un altro punto fondamentale che voglio darti per acquisire la mentalità d'acciaio è il tuo perché. Quello che vedo è che non ci sono persone che non hanno capacità, ma solo persone che non desiderano abbastanza. Non esistono persone non motivate, ma solo persone che non hanno ben chiaro quello che vogliono.

Il tuo perché ti brucia dentro? Hai un fuoco veramente forte che ti spinge ogni giorno a lavorare per i tuoi sogni?
Jeff Roberti, mia upline, icona mondiale del Network Marketing, oltre 100 milioni di dollari guadagnati in carriera, dice sempre che devi avere un perché che ti fa piangere. Se ancora non l'hai trovato, devi pelare ancora qualche strato della cipolla e guardare per bene dentro di te.

Devi guardarti dentro, e cercare di capire cosa vuoi

veramente e quanto è importante per te riuscire. Mi è rimasta impressa la frase di Madonna che dice: "Avrai successo quando per te avere successo sarà importante come respirare".

Quando mi sono trovato per 5-6 mesi senza un reddito e non sapevo come avrei potuto mantenere i miei figli, riuscire nella nuova attività per me è diventato di talmente tanta importanza che i miei pensieri si sono fermati e ho pensato solo a fare azioni.

Un'altra frase che avrai sentito molte volte: "Se il tuo perché è sufficientemente forte un come lo trovi; se non è così forte, troverai una scusa" (anzi tante scuse e tante motivazioni per non riuscire).

Trova il tuo perché, pensaci bene, trova la ragione per cui ti alzi la mattina e per dare tutto te stesso in quello che fai, e la tua vita cambierà per sempre.

Ora ti offro un altro modo fondamentale per riprogrammare la tua mente, il modo in assoluto più potente di tutti. Si tratta di agire, fare le azioni, soprattutto quelle che hai paura di fare.
Ogni volta che compi un'azione nella direzione dei tuoi sogni, vai a scrivere nel tuo inconscio che ce la puoi fare, che te lo meriti. Ogni volta che agisci, come per magia le tue

paure, i tuo dubbi, le tue incertezze spariscono, sei nel momento presente.

Spesso nella nostra testa costruiamo storie che ci raccontiamo per non fare una certa azione. Un esempio? Abbiamo una persona da contattare, ma poi ci diciamo che lei sarà occupata, avrà qualche riunione di lavoro, e poi è tanto tempo che non ci sentiamo e quindi sarà risentita per questo… e chi più ne ha, più ne metta. Il nostro compito è quello di cambiare questa storia, e raccontarci una storia potenziante che ci porti ad agire.

In questo caso potrebbe essere: "È proprio perché questa persona non ha tempo che ha bisogno di questa opportunità, proprio perché non la sento da tanto tempo che sarà un piacere sentirci di nuovo".

La ragione per cui non agiamo si sintetizza sempre in una sola parola: paura. Le persone pensano che prima di agire debbano eliminare la paura e le emozioni di disagio verso quell'azione. In realtà, la paura non se ne andrà mai. L'unica cosa da fare è agire nonostante la paura. Pensa alla prima volta che hai parlato in pubblico. Prima di parlare pensavi di morire da quanto era forte la paura. Poi sei salito sul palco, hai iniziato il tuo discorso, magari eri anche un po' agitato, ma poi hai visto che non è successo nulla, che eri ancora vivo, che la gente ti ascoltava con attenzione. Alla fine del tuo discorso, qualcuno ti ha anche fatto delle domande. E ti sei sentito soddisfatto. Forse ti sei pure divertito.

Funziona sempre così. Bisogna uscire dalla propria zona di comfort per prendere confidenza con un'azione mai compiuta prima. Agire è l'unica via. Spesso, più quell'azione è importante e ci porta nella direzione dei nostri sogni, più percepiamo paura e resistenza. Ripeto: la paura non può essere eliminata, l'unica cosa che puoi fare è attraversarla facendo le cose che hai paura di fare.

Un'altra domanda potenziante che puoi porti tutte le volte che provi paura, è: "Come agirebbe la persona che voglio diventare?"
Pensa a quelle persone che sono un modello per te, persone che incorporano la persona che vorresti diventare. Agisci come loro agiscono e dopo un po' di azioni ti ritroverai a pensare come loro.

Prima ti ho parlato di pensare in un certo modo per fare certe azioni, ora attacchiamo il problema da un'altra angolazione: facciamo le azioni che sappiamo di dover fare per raggiungere il nostro obiettivo, e presto diventeremo quel tipo di persona.

Vincere la paura del giudizio

Questo è uno dei capitoli più importanti di questo libro, sia per te che per i tuoi distributori.

È un argomento collegato alla robustezza mentale, ma siccome è di importanza vitale, ho deciso di dedicargli uno spazio a parte.

La paura del giudizio e le emozioni negative legate a cosa altri possono pensare di noi, è il fattore che da solo uccide tantissimi, troppi networker.

Se hai già iniziato questa attività, ti sarai reso conto che la cosa peggiore del Network Marketing è la sua reputazione, e che la maggior parte delle persone in Italia ancora ha pensieri non corretti riguardo alla nostra professione.

A questo si aggiunge che in Italia è diffusa ancora una mentalità del "posto fisso" molto forte (anche se gradualmente sta cambiando) e in giro è pieno di "ladri di sogni".

Quindi è molto probabile che parenti e amici cercheranno in tutti i modi di farti abbandonare le tue ambizioni. E un rifiuto o un giudizio espresso da una persona cara può pesare molto sulla nostra psicologia, soprattutto quando stiamo iniziando e il nostro credo non è ancora cosi forte.

Io ti dico di ascoltare quello che ti dicono, ma poi devi essere tu a vagliare se quello che dicono sia o meno giusto per te.

Ricordo ancora quando, oltre 10 anni fa, iniziavo a parlare di Network Marketing alle persone che mi stavano vicino, parenti e amici. Alcuni mi dicevano, senza troppi giri di parole, che stavo facendo una cazzata; altri magari erano un po' più morbidi, mi dicevano cose del tipo: "Lorenzo, ti voglio bene, ma penso che quello che stai facendo non è una cosa che ti può portare lontano".
So come ti senti, mi ci sono sentito parecchie volte, ma posso garantirti che affrontare questo disagio ne è assolutamente valsa la pena.

Un'altra cosa che devi tenere presente è che ti stai allontanando dalla "normalità" e dalle aspettative sociali, dal momento che oltre il 90 per cento delle persone sono impiegati, dipendenti, gente che ha studiato per lavorare sotto padrone e non ha mai provato altro e, non avendo il coraggio che stai avendo tu, provano invidia nei confronti tuoi e delle persone che si impegnano per ottenere qualcosa di diverso. Tu continua ad amarli, ma vai per la tua strada.

Per spiegarti meglio quanto sono potenti le pressioni sociali anche nel mondo animale voglio raccontarti cosa succede nella pesca ai granchi, che rispecchia molto le caratteristiche umane.

Per pescare i granchi si usa una gabbia metallica con un buco nella parte superiore, ci si mette un'esca dentro e si cala in mare. Arriva un granchio e inizia a mangiare l'esca, ne entra un altro e fa altrettanto, e poi un altro. A un certo punto l'esca finisce, i granchi potrebbero facilmente abbandonare la gabbia dal punto in cui sono entrati, ma non lo fanno. Anzi, entrano altri granchi anche quando l'esca è ormai finita. Quando uno dei granchi si accorge che non c'è più motivo di stare nella gabbia, gli altri fanno gruppo per fermarlo, e se insiste, arrivano addirittura ad ucciderlo. Per spirito di gruppo, i granchi rimangono insieme nella gabbia che poi viene tirata su dai pescatori.

L'unica differenza tra questi granchi e gli esseri umani è che i granchi vivono in acqua e noi sulla terra. Chi ha un sogno che potrebbe liberarlo dalla trappola farebbe meglio a diffidare dei propri compagni di gabbia. Gli uomini a differenza dei granchi non usano la forza fisica, hanno a portata di bocca metodi molto efficaci, come allusioni, prese in giro e insinuazioni di dubbi. Queste sono solo alcune delle tecniche che i granchi che ti circondano usano per amputarti le chele e uccidere i tuoi sogni. Diffida dei granchi che si accontentano di rimanere nella gabbia!

In secondo luogo, la gente ti scoraggia perché la tua iniziativa li fa sfigurare, per loro sei come uno specchio gigante, e quello che fai si riflette sulla loro coscienza. Sanno che potrebbero e dovrebbero anche loro fare qualcosa per andare nella direzione dei loro sogni, ma non fanno nulla. La tua determinazione li fa sfigurare ai loro stessi occhi, quindi per invidia o per paura di perderti cercano di ostacolarti.

Continua ad amarli, ma non lasciare che ti trattengano nella mediocrità.

Una storia che ho sentito e che ti aiuterà a dare meno importanza alle opinioni degli altri, riguarda il comportamento delle persone ai funerali. Durante un funerale le persone coinvolte al punto di piangere sono in media una decina (quindi puoi lavorare una vita intera cercando di piacere agli altri, ma alla fine a compiangerti saranno circa in 10). Ma c'è di più, il numero delle persone che segue il feretro fino alla sepoltura è dettato dalla situazione meteorologica. In caso di pioggia, la metà delle persone che partecipano al funerale decidono di non assistere fino alla sepoltura. Non importa quello che hai fatto nella vita, le condizioni meteorologiche sono più importanti della tua intera esistenza. Non dare importanza alle opinioni delle persone a cui non interessa nulla di te.

Quello che ti sto raccontando dovrebbero già farti smettere di preoccuparti dell'opinione che la gente ha di te, ma posso andare avanti.

Le persone che hanno paura del giudizio degli altri e se ne fanno condizionare sono le più povere. Quando faccio formazione al mio team, domando sempre: "Ma queste persone, ti pagano le bollette? Hai mai provato a pagare il ristorante, la rata del mutuo o una visita medica per i tuoi figli con le opinioni degli altri?"
Penso che stai afferrando il concetto.

E un'altra cosa fondamentale: non accettare mai consigli a livello economico/imprenditoriale da chi è messo peggio di te sotto questo punto di vista, o da chi è in una condizione in cui tu non vorresti essere. Impara ad ascoltare i consigli e i suggerimenti solo da chi ha già ottenuto quello che tu vorresti avere.

Per liberarti dalla paura del giudizio ti invito a svolgere anche un cambio di atteggiamento mentale. Tu giudichi le altre persone? Quelle che si comportano in modo diverso e la pensano in modo diverso da te? La vita è un po' come uno specchio, se tu tendi a giudicare gli altri, anche senza parlare apertamente, ma solamente dentro la tua testa, allora soffrirai molto il giudizio degli altri. Da oggi ti invito a fare uno sforzo consapevole a non giudicare e a non parlare male di altri. Gli effetti positivi che avrai sulla paura del giudizio degli altri ti stupiranno.

Infine voglio lasciarti con le parole di Steve Jobs, pronunciate in occasione del suo famoso discorso a Stanford: "Il vostro tempo è limitato, quindi non sprecatelo vivendo la vita di qualcun altro. Non fatevi intrappolare dai dogmi, che vuol dire vivere seguendo le opinioni di altre persone. Non lasciate che il rumore delle opinioni altrui offuschi la vostra voce interiore. E, cosa più importante di tutte, abbiate il coraggio di seguire il vostro cuore e la vostra intuizione. In qualche modo loro sanno che cosa volete realmente diventare. Tutto il resto è secondario"

Fare contatti con Internet e i social network

A meno che tu non viva in una caverna, ti sarai sicuramente reso conto di come Internet ha rivoluzionato il nostro modo di vivere.

Le persone sono sempre più collegate tramite i social media. Su Facebook e Instagram (in questo momento in grande ascesa soprattutto tra i giovani) postiamo foto, pensieri personali e interagiamo con i nostri amici.

In passato, quando non c'era Internet, l'attività di Network Marketing veniva svolta in modo tradizionale, invitando le persone a casa o in albergo per poi presentargli i nostri prodotti e l'opportunità di business.

Il problema è che le persone non sono più disposte a fermare la gente per strada, chiamare tutti gli amici, parenti e conoscenti, mettersi in macchina e viaggiare, invitare persone a casa propria (adesso le case sono più piccole e spesso fino a 40 anni si abita ancora con i genitori). Io stesso, quando nel 2006 realizzai che avrei dovuto affrontare un'ora di strada per valutare un'opportunità di lavoro, avevo declinato. Al contrario, iniziai con chi mi diede l'opportunità di iscrivermi e far iscrivere altre persone utilizzando la rete, comodamente seduto da casa mia.

E adesso a maggior ragione, le persone nemmeno rispondono più a questo tipi di inviti, o in modo molto inferiore rispetto al passato, o solo le persone dai 60 anni in su.

Hai fatto caso che le persone rispondono molto meno anche al cellulare? La ragione è che hanno visto che i messaggi di testo, WhatsApp e Messenger di Facebook sono molto più comodi e veloci, e meno invasivi rispetto a una telefonata (che ti fa bloccare tutto quello che stai facendo).

Questi cambiamenti sociali hanno fatto sì che il Network Marketing svolto in modo tradizionale fosse sempre più difficile e alla portata di sempre meno persone. Anche perché i costi da sostenere sono sempre più alti, in termini di spostamenti, pasti fuori, alberghi e prodotti da far provare. A tutto questo si aggiunge il fatto che è altamente inefficace per la stragrande maggioranza degli individui della nuova generazione. Pensa a quei giovani che una casa nemmeno ce l'hanno.

Un'idea potente che voglio passarti è che per ogni ostacolo, per ogni difficoltà, c'è una soluzione, una risposta che deve essere trovata.

E la risposta che i gruppi di leader più illuminati hanno dato alla crisi del Network Marketing tradizionale è stata quella di dirigersi verso i social media, dove le persone interagiscono quotidianamente, da ogni luogo, ad ogni orario.

E i social media hanno veramente dato l'opportunità a chiunque avesse voglia, di poter riuscire nella propria attività di Network Marketing.

In questo capitolo ti suggerisco delle regole base per utilizzare al meglio i social nella tua attività.

Il tuo scopo, il punto principale di tutto quello che fai sui social dovrebbe essere quello di crearti il tuo Brand, ovvero un gruppo di persone che ti segue, ti stima, ti apprezza, si fida di te e segue quello che pubblichi ogni giorno sotto forma di post, foto e video.

Come si crea il brand? In 3 Step fondamentali.

1. CONTENUTI DI VALORE

È fondamentale che i tuoi contenuti siano di valore, termine abusato e ripetuto da tutti i guru dell'Internet Marketing e non solo. In parole semplici, offrire valore significa veicolare un contenuto che sia concretamente utile alla vita degli altri.

E cosa è utile per gli altri? Cosa è "di valore" per loro?

La condivisione della tua esperienza, ovvero raccontare loro come tu affronti le sfide e le situazione della tua vita. Come tu risolvi un qualche problema, ad esempio i problemi che si risolvono con i tuoi prodotti (ma non solo) e quindi come possono risolverli anche loro.

Io, per esempio, nei miei profili social racconto la mia storia, i miei momenti di difficoltà, come mi sono sentito, come li ho superati, spunti che derivo dalle domande del mio team e dei miei clienti.

2. NON DEVI ESSERE UNA PUBBLICITÀ CONTINUA

Riempire la propria bacheca di prodotti, di inviti a iniziare l'attività, non può essere fatto in modo diretto. Anzi, ti dirò di più: sulla tua bacheca non dovrebbe capirsi che collabori con

un'azienda piuttosto che con un'altra. Immagina che inizi a fare conoscenza con una persona. Appena vede che il tuo intento principale è vendergli qualcosa o portarlo in attività, non ti risponderà più: sui social le persone vengono per rilassarsi e condividere esperienze e pensieri con gli amici, non per acquistare prodotti.

Una cosa fondamentale da ricordare è che ogni azione che fai dovrebbe essere volta a generare curiosità, piuttosto che creare resistenza.

3. METTERCI LA TUA FACCIA

Significa appunto che devi mettere le tue foto e quelle della tua vita. La regola base è che le persone fanno business con le persone che conoscono, gli piacciono e di cui si fidano. Come fanno a fidarsi della foto di un cane o di prodotti? Tu compreresti qualcosa o risponderesti a qualcuno che usa i social in quella maniera?

4. CONNETTERSI CON LE PERSONE

Non dimenticarti che il Network Marketing viene anche detto marketing di relazione, perché passa tutto dalla fiducia e dal rapporto che si crea. Quindi prenditi il tuo tempo per conoscere con chi stai parlando, crea un minimo di rapporto con la formula F.O.R.M. (che vedrai nel capitolo successivo) prima di mostrare il tuo business o il tuo prodotto.

Il Marketing di attrazione

Come ti ho anticipato prima, insegnare alle persone come risolvere i loro problemi è il metodo di attrazione più forte che ci sia. Al momento tante persone stanno seguendo il cosiddetto lifestyle marketing, ovvero il marketing dello stile di vita.

Mostrano sui social che fanno una bella vita, dicendo o facendo capire che si sono costruiti tutto con il Network Marketing (e il 90% delle volte stanno mentendo).

Per mia esperienza diretta, ho riscontrato che ho sponsorizzato più persone quando non avevo nulla, semplicemente con la mia grinta, il mio desiderio (e il marketing di attrazione) piuttosto che facendomi vedere con la mia Porsche o mostrando che faccio 4-5 vacanze all'anno o pubblicando lo screenshot delle mie entrate sul mio conto corrente.

Le persone preferiscono unirsi a qualcuno che sta andando verso la vetta, piuttosto che a uno che ha già ottenuto risultati molto buoni e ora si sta godendo la vita un po' troppo, o che comunque percepiscono troppo distaccato.

Un punto fondamentale che dobbiamo sempre raccontare è che le persone si identificano e si immedesimano nelle nostre sofferenze e nei nostri problemi, nelle difficoltà che abbiamo affrontato, non nei nostri successi. Dovremmo parlare all'80% delle nostre difficoltà, e solo un 20% dei nostri successi.

Pertanto, sui social racconta semplicemente la tua vita, racconta le storie di altri, condividi i risultati che altre persone stanno avendo con i tuoi prodotti e la tua attività.

Ritornando a noi, il Marketing di Attrazione dice che puoi attrarre le persone offrendogli contenuti utili a loro. Ora la domanda è: Come puoi creare contenuti utili da utilizzare nei tuoi post e nei tuoi video (i video sono lo strumento più potente)?

Il modello che insegno nel mio video corso su come sponsorizzare sui social è I.I.I.G., ovvero Investi, Impara, Insegna, Guadagna.

INVESTIRE

Il primo punto ha a che fare con acquistare e studiare corsi di formazione relativamente alla tua materia. Non ho mai conosciuto una persona che ha un reddito a sei cifre all'anno che non ha mai investito in qualche corso o coaching.
Se non hai i soldi per acquistare corsi puoi sempre partire dai libri e dalla formazione interna che viene fatta dalla tua azienda e/o dal gruppo dei tuoi leader. Io sul mio blog

lorenzocicetti.com e sul mio canale YouTube ho centinaia di articoli e di video che puoi vedere gratuitamente.

IMPARA

Qui si tratta di studiare, prendere appunti e mettere in pratica (si impara veramente solo quando si fa azione, se ti limiti a studiare solo non hai imparato nulla). Si tratta di accrescere le tue competenze, le tue abilità che puoi offrire al mercato. La verità è che per guadagnare di più devi diventare una persona con determinate competenze, altrimenti come puoi pensare di guadagnare e ottenere risultati se non sai come fare, non hai le competenze per farlo?
La cosa bella è che tutte le competenze possono essere acquisite e nella parte restante di questo libro ti darò delle indicazioni precise.

INSEGNA

Qui si tratta di condividere con il tuo pubblico sui social quello che hai imparato, le idee che sono entrate nella tua testa, come le stai applicando.
Se, per esempio, hai imparato ad aiutare un cliente a risolvere uno specifico problema (ad esempio, la perdita peso) raccontalo in un post o in un video (ancora meglio!).
O se hai aiutato una persona del tuo Team a superare una difficoltà, raccontala. Stessa cosa vale per le tue difficoltà e

come le hai affrontate o intendi affrontarle. Non è necessario che ti posizioni come un esperto (ridurrebbe la tua duplicazione), ma semplicemente racconti quello che vai imparando.

GUADAGNA

Ogni volta che insegni guadagni qualcosa, inizialmente aumenteranno le persone che ti seguono e che ti conoscono, poi man mano le persone inizieranno a fidarsi di te e ti chiederanno cosa fai, e alcuni di questi diventeranno incaricati. Ogni cosa che impari e non insegni è un assegno che non porti a incassare.

Già so cosa ti passa per la mente: "Ma io non sono in grado, chi sono io per insegnare agli altri?".
La verità è che la tua esperienza, il tuo percorso, hanno un vero valore per le altre persone. Smetti di focalizzarti su te stesso e inizia a focalizzarti su come puoi aiutare gli altri, vedrai che le cose per te cambieranno per sempre. Ricorda, pensa sempre come aiutare gli altri e non sottovalutare quello che sai e che vai imparando, che puoi raccontare sui social mentre lo stai imparando, senza sembrare o voler apparire come un esperto, ma semplicemente una persona che sta condividendo il proprio percorso.

Invitare

in se Saper invitare le persone a vedere le informazioni è l'abilità più importante, senza la quale non puoi ottenere nulla in questo settore. Del resto, se non portiamo occhi sulla nostra presentazione del business o dei prodotti, è impossibile fare incaricati e clienti e avere un qualche tipo di successo.

Per questo è anche l'abilità più difficile da acquisire, perché coinvolge la paura di ricevere dei "no". La paura di essere rifiutati è una delle paure più importanti dell'essere umano, quindi qui tante persone si fermano: per la paura di essere giudicati (vedi capitolo precedente), per la paura di disturbare… puoi avere tante scuse che possono essere racchiuse in una sola parola: paura. E come tutte le paure, nonostante la senti, devi agire lo stesso.

Il numero e la qualità degli inviti che fai determina il numero degli occhi che guardano la tua opportunità, e quindi il numero di persone che sponsorizzi. A marzo 2015, quando mi sono trovato a lanciare il mio business partendo da zero, nei primi 30 giorni ho invitato circa 600 persone, di cui poi ne ho sponsorizzate 40-50 nei due mesi successi. Il mio business è poi esploso grazie a quello sforzo intenso che ho fatto nei primi 30-60 giorni. Praticamente mi alzavo verso le 8.30, facevo colazione e una passeggiata e dalle 10 di mattina fino a mezzanotte di sera invitato di continuo tramite tutti i mezzi possibili (telefono, messenger e whattsup) tutte le persone che mi capitavano a tiro.

Questo perché ero in una condizione economica difficile ed ero spinto dalla disperazione, e anche perché per una personalità introversa come la mia, invitare è difficile. È un'azione che mi devo un po' sforzare a fare. E cosi ho deciso di concentrare lo sforzo. Ultima e importante ragione per cui dovresti concentrare i tuoi sforzi di invito in periodi ristretti, è che sponsorizzare più persone insieme crea momentum e la crescita e la duplicazione ne beneficiano. E come tutte le cose che fai nella vita, più ne fai e più ti riescono meglio.

Ora vediamo nel pratico come invitare.

Un aspetto fondamentale di un Professionista del Network Marketing è l'onestà: non ingrandire il tutto né dire bugie. Mi spiego meglio. Ci sono tante persone che per paura raccontano cose non vere, del tipo che non bisogna lavorare, che non bisogna fare clienti né sponsorizzare. Oppure, invitano a casa le persone senza dirgli che si parlerà di prodotti e di opportunità. Queste cose, unite a un atteggiamento aggressivo e insistente, fanno veramente tanti danni, non solo a te stesso, ma anche alla nostra professione.

L'obiettivo che abbiamo con le persone è informarle nel modo più educato e gentile possibile, affinché possano prendere una decisione informata. Non dobbiamo pressarle e indurle a fare qualcosa che non vogliono.

Ovviamente, il nostro scopo è quello di far vedere le informazioni a più persone possibile, riempiendo il nostro calendario di appuntamenti.

La cosa basilare è la mentalità e l'atteggiamento che devi avere quando inviti le persone a vedere le informazioni.

Ora analizziamo i pilastri della psicologia dell'invito.

1. TU HAI IL DONO

Significa che tu hai qualcosa di buono da offrire, qualcosa che può cambiare in meglio la vita delle persone in tanti modi, a partire dall'aspetto di business fino ai benefici del prodotto. Loro non ti stanno facendo un favore a guardare le informazioni, lo fanno perché dietro c'è un beneficio per loro! Quello che vedono può fare veramente al caso loro, solo che ancora non lo sanno. Questo punto è FONDAMENTALE, ed è facile anche dimenticarselo, tieni sempre presente che quello che tu hai può veramente cambiargli la vita. Scrivi su un cartoncino questa frase: "Io ho il dono", e tienilo in un posto visibile per ricordartelo sempre.

2. SII TE STESSO

Non fingere, non c'è bisogno che cambi il tono della voce o le parole che usi solitamente, ma comunque devi stare su psicologicamente ed essere la migliore versione di te stesso.

3. PASSIONE

Devi aumentare un po' il tuo livello di energia e di entusiasmo. Per fare questo puoi fare un po' di movimento (io che sono una persona introversa mi metto a saltare sul tappeto elastico) e ascoltarti della musica motivante. 5-10 minuti di carica e poi inizi.

4. INTENZIONE

Devi avere chiaro che il tuo obiettivo è mostrare le informazioni, quindi la tua intenzione è quella di persuadere le persone a vedere le informazioni, per loro e per il loro futuro. Non dobbiamo convincerle ad iniziare, ma dobbiamo fare quello che possiamo per condividere le informazioni.

5. CONVINZIONE

Devi essere FORTEMENTE convinto del tuo prodotto e della tua opportunità, perché le tue emozioni si trasmettono. Per convincerti, conosci a fondo il tuo prodotto e la tua azienda, guarda le informazioni che ti servono per crearti questa sicurezza mentale, prendi nota dei punti di forza del tuo sistema di business (stai però attento poi a non parlare troppo con la persone, bisogna parlare di meno con più persone). Fondamentale è anche la convinzione in te stesso, sul fatto che sei qui non solo per svolgere una professione che ti piace e che ti rende libero, ma anche per contribuire alla crescita delle altre persone. E infine, devi credere nel tuo contatto, nel fatto che le persone possano migliorare ed evolversi, devi credere nell'altra persona anche prima che questa persona creda stessa.

Ed ora analizziamo gli aspetti tecnici.

Messaggio o telefonata?

Per invitare le persone un messaggio di testo (sms, servizi di messaggistica sui social media, WhatsApp) è più usato di una chiamata sul cellulare e questa è un'ottima notizia. Infatti, chiamare le persone al telefono richiede tutta un'altra psicologia, è più complicato e richiede più tempo. Nei miei primi anni ho lavorato sempre al telefono, ci dicevano che dovevamo amare il telefono e vederlo come uno strumento per fare soldi. Anche adesso è cosi, solo che mentre una volta le persone rispondevano sempre al telefono, ora rispondono molto meno. Pertanto, inviare messaggi di testo è veramente molto più semplice e rispetta meglio le esigenze e le preferenze del destinatario, che sente maggiormente rispettata la propria privacy.

Quando pensiamo ad invitare, un aspetto critico da considerare è il tipo di relazione che abbiamo con l'altra persona. L'altra persona deve per lo meno rispettarci o comunque fidarsi un po' di noi per decidere di dedicare 30 minuti, un'ora o anche più tempo a conoscere le nostre informazioni. Se poi devo invitare la persona a partecipare ad una serata in albergo o a casa mia, sarà necessario un rapporto di ancora maggiore fiducia.

Solitamente per indicare la relazione che abbiamo con i nostri contatti si parla di contatti "freddi" o "caldi". Il contatto freddo è una persona che non ci conosce o ci conosce appena, mentre il contatto caldo è una persona con cui abbiamo già una relazione più o meno forte.

Un'altra distinzione che viene solitamente fatta è quella del livello socio economico. In questo senso possiamo avere persone a un livello più basso, che ci rispettano e ci considerano molto, persone del nostro livello e persone ad un livello più alto.

Dopo aver analizzato questi aspetti, che messaggio possiamo mandare?

Se è una persona che conosciamo, in qualche modo andrà bene un messaggio per riprendere la relazione, con l'obiettivo di fissare un appuntamento per parlare del più e del meno e li il business o il prodotto potrà venire fuori in modo naturale. Per una persona di un livello più alto possiamo fare un invito indiretto, che vedremo a brevissimo.

La struttura ottimale dell'invito deve riprendere questi passaggi:

1. VAI DI FRETTA

Si può esprimere con espressioni del tipo "ho poco tempo, ho solo 2 minuti, devo correre in una riunione". Il fatto di andare di fretta ha un qualche cosa di magico e incuriosisce la persone.

2. FAI UN COMPLIMENTO

Questa è la parte in assoluto più importante. Quando fai un complimento a una persona, se lo fai bene e specifico, vedrai proprio la sua espressione e il suo atteggiamento verso di te cambiare totalmente. Pensaci bene, quand'è l'ultima volta che hai ricevuto un complimento? Non siamo abituati a riceverli, quindi quando li riceviamo veramente ci apriamo verso la persona che ce lo ha posto. I più bravi Networker fanno complimenti in continuazione, su qualsiasi cosa: tratti della personalità, fisico, abbigliamento, qualcosa che la persona ha detto o fatto. Esempi: "Hai una personalità solare... sei una persona dinamica... curi molto bene il tuo lavoro... quello che hai scritto in quel post o quello che hai detto veramente mi è piaciuto per questo o per quest'altro motivo".

Il punto fondamentale è uno solo: impara a fare complimenti.

3. FAI L'INVITO

L'invito può essere diretto o indiretto.

Diretto: "Ho una cosa da mostrarti di cui sono veramente entusiasta e penso che faccia al caso tuo. Se ti mandassi un video che in 20 minuti ti spiega tutto nel dettaglio, quando riusciresti a guardarlo con attenzione?"

Indiretto: un invito diretto è volto a chiedere un consiglio, un'opinione su quello che si sta facendo e solitamente lo si fa a una persona di cui abbiamo stima per qualcosa e che è ben o meglio posizionato di noi a livello lavorativo e sociale. Potresti approcciare l'altra persona con un invito del tipo: "NOME, tu lo sai quanto ti ammiro e ti stimo per la passione con cui lavori e il successo che sei riuscito a ottenere. Io da poco ho iniziato un business che credo sia interessante e mi porterà grandi soddisfazioni, ma vista la tua esperienza e le tue capacità ci terrei veramente tanto a conoscere la tua opinione. So che non è per te questa cosa, ma magari ti viene in mente anche qualche persona a cui posso mostrarlo. Quando potresti dedicarmi una mezz'ora?"

4. SFRUTTA LA REGOLA DELLA RECIPROCITÀ

Il principio di reciprocità implica che io faccio qualcosa per te se tu fai qualcosa per me. Si può sfruttare questo principio per svolgere una serie di domande del tipo: "Se ti mandassi un video lo guarderesti con attenzione? Se riesco a tenerti un posto in questo

evento a numero chiuso, riusciresti a venire? Sei libero giovedì alle 21?"

Quest'ultima domanda serve a togliere di mezzo la scusa del "non posso venire".

5. CHIEDI CONFERMA

Richiedere una conferma se riescono o meno a vedere le informazioni è fondamentale, alza drasticamente il numero delle persone che alla fine le guardano o vengono all'evento. Se mandiamo un video, prima di inviarlo possiamo dire: "Quando pensi di riuscire a guardarlo con sicurezza?". Se invece inviti una persona a un evento, per assicurarti che venga devi cercare di responsabilizzarla in qualche modo. Ad esempio, chiedile di portare qualcosa per l'evento (qualcosa che serva per il party) o di andare a prendere qualcuno o farsi venire a prendere da qualcuno. O comunque discuti con lei nel dettaglio le tempistiche sue e dell'evento. Bene, a questo punto sei pronto per inviare 50 messaggi nei prossimi 2-3 giorni. Ricorda che la cosa più difficile è iniziare a farlo, poi appena lo fai diventa divertente. Un consiglio che posso darti è quello di coinvolgere un upline esperto per vedere come fa lui, modellare il suo comportamento e farti dare indicazioni. Buon invito!!

Rispondere alle obiezioni

Le obiezioni sono la cosa che che più in assoluto ci mette paura. Quando un possibile cliente o incaricato ci fa un'obiezione sentiamo ansia, preoccupazione, dubbio, rifiuto.

In realtà le obiezioni vanno accolte con gratitudine, perché significa che la persona è interessata, altrimenti non le farebbe e direbbe un bel no secco.

In sintesi le obiezioni sono:

1. Un'opportunità per rafforzare la relazione con l'altra persona

2. Non sono reali e vengono tirate fuori per diverse ragioni

3. Sono un test che le persone ti fanno per vedere quanto credi in ciò che fai

Quindi in relazione a questo devi accoglierle, frenando il tuo naturale atteggiamento a contraddirle subito e a negarle, facendo irritare l'altra persona. Le obiezioni si accolgono con il famoso feel, felt, found (capisco come ti senti, anche io mi sono sentito così, poi ho scoperto che), cioè mostrandoci empatici, facendo capire all'altra persone che è normale che lei si senta in quel modo e che anche noi ci siamo sentiti in quel modo. Con espressioni del tipo: "È perfettamente comprensibile che tu ti senta cosi, anche io mi ci sono sentito quando ho visto per la prima volta queste informazioni. Poi guardando con maggiore attenzione le informazioni, ho capito che…".

In questo modo ti connetti sul piano emotivo e umano con l'altra persona. Quindi, quando ricevi delle obiezioni, gioisci! Significa che hanno una qualche forma di interesse.

Tra l'altro, sappi che le obiezioni non sono quasi mai vere o reali. Le persone fanno obiezioni per diverse ragioni. Qualcuno può farle per ego (per esempio, vuole solo sembrare intelligente) oppure vuole prendere tempo per ragionarci un attimo.

Come una donna quando vuole farsi desiderare. Si trova con un ragazzo incontrato da poco che le piace molto, ma prende tempo per non dare l'impressione di concedersi facilmente. E in generale le persone non vogliono mostrare debolezze, perché la vita ci insegna che mostrare debolezza è un male. Anche se dentro di loro stanno bruciando per entrare, non lo fanno vedere perché vogliono sentirsi in controllo della situazione.

Un altro punto fondamentale è che le persone con le obiezioni vogliono metterci alla prova. Prima di decidere se fare qualcosa o meno, hanno bisogno di sentire che noi ci crediamo veramente. Ricordati sempre che ogni comunicazione è un trasferimento di emozioni. La persona con la convinzione più forte vince. Quanto credi nel tuo prodotto e opportunità?

Un altro punto importante da considerare è che tramite le obiezioni hai un'opportunità per educare le persone su quello che offriamo, vai a capire quali sono i loro dubbi e mancanze di informazioni, e gli chiarisci quegli aspetti.

Le persone ci fanno tante obiezioni che però sono riconducibili a 2 categorie principali: convinzioni limitanti su se stessi o convinzioni limitanti sul Network Marketing.
Ad esempio, "Non ho tempo" è una convinzione limitante su sé stessi; mentre: "è troppo bello per essere vero" o "è uno schema piramidale" è una convinzione limitante sul Network Marketing.

Vediamo adesso una formula da ricordarti che ti sarà utile per rispondere a ogni tipo di obiezioni:

Ascolta: metti l'attenzione che ti serve per capire veramente il punto di vista dell'altra persona.
Accogli: sii empatico, non contrastare quello che ti dice.

Racconta storie: racconta la storia di una persona che aveva la stessa obiezione/problema.

Fai domande: se non ci fosse questo problema, saresti disposto a proseguire?

Vediamo alcune delle obiezioni più ricorrenti e capiamo come rispondere. Le obiezioni più comuni sono: "non ho soldi", "non ho tempo", "devo parlare con mio marito/mia moglie/il mio partner", "non sono in grado", "si tratta di Network Marketing", "devo pensarci", "non so vendere". Vediamo come rispondere.

"Si tratta di Network Marketing, è una di quelle cose lì?"

L'errore è difendersi. Abbiamo l'opportunità di capire cosa c'è nella testa delle persone.

Potremmo dire: "Fammi capire meglio. Hai già fatto un'esperienza? Hai iniziato e non ha funzionato? L'hai già fatto, tu o qualche tuo famigliare? Hai una qualche esperienza, altrimenti non avresti questa componente emozionale. Raccontami la tua storia".

Tutti noi abbiamo conosciuto qualcuno che è entrato e si è trovato male, magari il padre agli inizi degli Anni Novanta ha riempito la casa di prodotti, ha stressato tutta la famiglia e tutti gli amici. E lui magari ci dice che suo padre ci ha provato, ha perso soldi e amici e si è trovato con tanti prodotti inutilizzati a casa.

Potremmo dire qualcosa del tipo: "Mi spiace che è successa questa cosa. Ti faccio una domanda. Pensi che sia il Network Marketing o forse tuo padre ha ricevuto consigli non corretti su come fare il business? Cosa pensi che abbia creato più danni, i consigli non corretti o il Network Marketing come professione? Io ho conosciuto tante persone che venivano da situazioni di questo tipo, poi hanno imparato che ci sono strategie più efficaci per farlo in maniera professionale. Questa professione si sta espandendo in modo bello e corretto. Ti faccio una domanda: se ci fosse una situazione che ti da i benefici del Network Marketing, ma che non ti faccia incontrare i problemi che ha incontrato tuo padre, una situazione dove c'è una strategia testata che funziona, saresti disposto a dargli uno sguardo con attenzione?"

Il segreto è quello di capire il problema e presentare una soluzione (la nostra!) che risolva questo problema, per far in modo che la persona con cui interagiamo almeno dia uno sguardo aperto a quello che abbiamo da offrire, o comunque sia aperta a fare il prossimo passo.

L'idea è quella di isolare il problema, capire quello che non piace, e presentare la nostra soluzione senza quei problemi.

Ad esempio: "Se ci fosse una situazione in cui non devi riempirti il garage, e anche se non ti piacciono i prodotti restituirli ed essere rimborsato, saresti aperto a vedere?"

Il segreto è capire la loro storia e capire i loro problemi e fare domande del tipo: "Se potessimo rimuovere questo problema, saresti disposto a iniziare?"

Il segreto è informare e aiutarli a capire, non il reclutamento immediato.

Dobbiamo capire la storia e i problemi di ciascuna persona.

"Devo pensarci"

Si tratta di una delle obiezioni principali. È un'obiezione che tutti noi abbiamo ascoltato migliaia di volte.

"Ti capisco perfettamente, guardare un'attività, pensare di diventare un imprenditore, è una cosa su cui è giusto riflettere. Volevo pensarci anche io, poi ho deciso di fare una cosa al riguardo. Ho deciso di provare il prodotto, ho deciso che il modo migliore per pensarci è farlo. Perché se poi non mi fossi trovato bene avrei potuto restituire il prodotto all'azienda senza perderci nulla o quasi. Il modo migliore per capire se funziona è farlo. Pensa che questo è il modo più economico sulla terra per diventare un imprenditore. Lascia che ti faccia una domanda: se potessi mostrarti come fare una guida di prova, dove puoi capire veramente bene senza rischiare praticamente nulla, saresti disposto a fare il prossimo passo insieme a me?"

"Non ho tempo"

Potremmo dire qualcosa del tipo: "Guarda anche io pensavo di non avere tempo... ero impegnato in molte cose, guardavo la televisione, dovevo portare in giro i figli, uscire con gli amici, e poi mi sono reso conto che stavo vivendo la mia vita rincorrendo il tempo senza avere la possibilità di stare con la mia famiglia... e ho capito che se non avessi trovato tempo adesso, non avrei mai avuto tempo in futuro per fare quello che volevo e vivere la vita che volevo"

E andare avanti così: "Possiamo analizzare il tuo tempo e i tuoi impegni... e vedere quali potrebbero essere le aree della giornata che potresti dedicare a lavorare per il tuo futuro. Se potessi mostrarti come ritagliarti alcune ore a settimana, senza perdere l'equilibrio con la tua famiglia, saresti disposto a fare il prossimo passo insieme a me?"

"Non ho soldi"

Ecco come potresti rispondere a una delle obiezioni più popolari: "Ti capisco perfettamente, la stragrande maggioranza delle persone non ha soldi, sopratutto alla fine del mese. Anch'io guadagnavo bene, ma alla fine non avevo nulla, dopo tutte le spese e le bollette. Ma lascia che ti dica cosa ho capito. Qual è il modo migliore di utilizzare i miei soldi e il mio tempo? Investire qualche centinaia di euro e un po' di lavoro così tra 3-5 anni non dovrò più dire: "Non ho soldi". Non volevo essere in una posizione in cui non potevo mai, non volevo che guardare il menù a cena diventasse una decisione finanziaria: guardare prima quanto costava e poi quello che volevo. Non volevo dire ai miei figli che non possiamo andare al luna park quando la vera risposta è che non possiamo andare al luna park perché non ho soldi. Se potessi mostrarti come far funzionare la tua attività in un modo da poter rimanere in equilibrio con la tua vita, in modo da poter rientrare velocemente dall'investimento e tu mettessi del lavoro per far funzionare l'attività, così da un anno da adesso sei in una situazione finanziaria completamente diversa, saresti pronto a fare il prossimo passo con me?"

A questo punto potremmo anche raccontargli una storia. "Posso raccontarti la storia di Daniele, che dopo aver perso il lavoro è stato sfrattato da casa. La sua famiglia è stata divisa per questo, sua moglie con i suoi figli sono andati a vivere dalla famiglia di lei a 30 chilometri, lui è tornato a vivere con i suoi genitori, ed è stato veramente male per questo. Quando ha iniziato quest'attività, veramente non aveva i soldi. Ha preso gli unici soldi che aveva, non sapeva come avrebbe pagato la prossima rata dei prodotti, li ha messi in questa attività, e dopo un anno da quando ha iniziato, si è impegnato, ha lavorato e adesso ha ripreso una casa in affitto, guadagna uno stipendio che non aveva mai guadagnato prima in vita sua, uno stipendio molto dignitoso che gli ha permesso di pagare la caparra della casa, di pagare l'affitto e di vivere nuovamente con la sua famiglia di nuovo riunita. Se potessi mostrarti un modo in cui tu puoi recuperare i soldi velocemente, e poi continuare a lavorare per raggiungere la vita che vuoi, saresti disposto a fare il prossimo passo insieme a me?"

"Quanto guadagni?"

"Io lo sto facendo per costruire un futuro per me e per la mia famiglia. E lo sai perché lo faccio? Lo faccio perché il percorso che ho fatto finora mi ha lasciato stressato e con debiti, e non voglio restare più così. Questo è il mio piano per liberarmi dai debiti, costruirmi il futuro per me e una situazione finanziaria diversa. Non guardare quello che guadagno io, perché io sto imparando, sono all'inizio, guarda quest'attività sulla base di quello che tante persone stanno ottenendo. Se tu inizi con me, puoi seguire anche persone che stanno ottenendo molti più risultati di me, e posso presentarti a queste persone con cui lavoro e posso mostrarti la loro storia".

Se non guadagni non fingere, racconta sempre la verità, la verità è abbastanza ed è la cosa migliore. La cosa che costruisce il rapporto è quando racconti alle persone le tue difficoltà, quando sei caduto. Non pensare che quando guadagnerai tanto sarà facile sponsorizzare. Anzi, te lo dico per esperienza, io aspettavo tanto il momento di guadagnare cifre sostanziose per poi sbatterle in faccia alle persone per incitarle a intraprendere l'attività e più di una volta, quando mostravo assegni a 5 cifre con la app del mio home banking, ho creato solo distanza. Queste persone a cui ho fatto vedere il bonifico, nessuna è entrata. Perché una persona che ha dei problemi fa difficoltà a mettersi in relazione con qualcuno che guadagna molto. Quindi se guadagni oltre 10 mila euro al mese e lo dichiari in modo crudo, farai molta difficoltà a costruire il rapporto perché sarai percepito come irraggiungibile. Quello che devi fare è raccontare le tue difficoltà. Io racconto come mi sono trovato senza reddito, con 2 bambini da mantenere e non troppi soldi in banca, e in quel momento sono stato veramente disperato. La paura più grande che avevo era quella di dover andare da mia madre per chiedere dei soldi per vivere, e allora ho preso la decisione di dare tutto me stesso per far partire la mia attività alla grande, e cosi fu.

I nostri insuccessi creano empatia con le altre persone, mentre nel nostro settore tendiamo spesso a ingigantire le cose e a raccontare anche cose non vere. Non farlo perché non serve.

Ora che ti ho descritto il processo per rispondere alle obiezioni, mettiti subito alla prova. Invita qualche persona a vedere il business, e prova a rispondere alle obiezioni come ti ho insegnato in questo capitolo.

Raccontare storie

In questo capitolo ti parlo di un'altra competenza fondamentale per un Networker Professionista: il raccontare storie, la propria e quella di altri.

Questo perché da una parte è un'abilità duplicabile, nel senso che tutte le persone possono raccontare più o meno bene la loro esperienza con i prodotti e con l'attività, dall'altra è uno strumento super efficace: funziona.

Sicuramente avrai sentito l'espressione: "I fatti raccontano, le storie vendono". Niente di più vero, e la ragione deriva dal fatto che le storie vanno direttamente nell'inconscio. Pensa a quando tu ascolti una storia, la tua mente si rilassa e sei totalmente immerso in essa. Una storia consente a chi ascolta di identificarsi con il personaggio protagonista e accoglierlo anche come persona che conosce (dopo che avrai raccontato bene la tua storia, un po' ti sarai fatto conoscere).

Ora ti faccio l'esempio della mia storia.
Mi chiamo Lorenzo Cicetti, ho 41 anni e per 10 anni ho lavorato in Banca. Quello che non mi piaceva del lavoro in Banca era che dovevo lavorare ad orari definiti, seguire gli ordini di altri, ma soprattutto non mi gratificava il tipo di

lavoro e il fatto che non mi stavo costruendo nulla di mio. Quest'insoddisfazione mi ha portato a cercare opportunità su Internet, fino a quando non sono incappato in un annuncio che parlava di una grande opportunità. Nonostante lo scetticismo e la paura iniziale mi sono buttato, e da lì ho vissuto un bellissimo percorso di crescita che mi ha portato a lasciare la banca nel 2012 e, a partire dal 2015, a raggiungere risultati che prima sognavo solamente. Ora vivo una vita completamente libera da vincoli di orari, lavoro da casa o da dove voglio, non ho preoccupazioni finanziarie e, soprattutto, sono felice e grato di poter contribuire alla crescita di altre persone, e aiutarle a raggiungere i loro obiettivi e sogni. Sono felice e amo quello che faccio ogni giorno.

Questa è la mia storia e la posso raccontare in un minuto e mezzo circa.

Ecco lo schema che ho usato:

1. Cosa facevo prima del Network Marketing

2. Le cose che non mi piacevano della situazione precedente

3. Come sono venuto in contatto con il Network Marketing

4. La mia vita adesso (o la visione del futuro se ancora non ho raggiunto i risultati che voglio e sono ancora part time).

Una precisazione importante è che non è necessario che tu abbia già lasciato il tuo lavoro per raccontare la tua storia. Nel punto 4 puoi benissimo raccontare la tua visione per il futuro. Per esempio, se lavorassi ancora in Banca direi una cosa di questo tipo: "Ora sono veramente felice che ho in mano il veicolo che mi sta portando a raggiungere la mia libertà e con il guadagno extra posso permettermi di fare un paio di vacanze in più all'anno. Non ho la preoccupazione del fine mese che avevo prima e vedo il futuro in modo molto più roseo".

Raccontare la tua storia in circa 90 secondi è un modo per creare empatia con una persona prima di mostrargli la tua opportunità o un modo per incuriosirlo a chiederti più informazioni.

Puoi fare la stessa cosa con i benefici che hai ottenuto e stai ottenendo dall'utilizzo dei prodotti della tua azienda. Ecco il mio esempio.

C'è stato un periodo in cui ero quasi arrivato a pesare 80 kg, e mi sentivo MOLTO a disagio.
I vecchi vestiti non mi entravano più, e più di un amico mi derideva dicendomi che sembravo gravido.
Mi sentivo stanco, incapace di focalizzarmi e di lavorare bene.
E ho letto anche diverse ricerche che legano i chili di troppo

alla povertà e all'incapacità di creare ricchezza (e questo non mi piaceva proprio… ma è così)

Mi sentivo anche a disagio al mare, spesso indossavo magliette larghe per non mostrare la mia pancia.

Poi ho conosciuto il programma che sto portando avanti da un po' e tutto è cambiato.

Ora sono felice e orgoglioso di avere un corpo tonico e asciutto, ho tanta più energia e sto anche molto meglio con me stesso.

Ah, dimenticavo: il mio business è cresciuto del 100% in un anno da quando mi sono rimesso in forma seriamente.

Prendere il controllo del proprio fisico paga sotto tutti i punti di vista.

Raccontare storie è anche un modo per rispondere a un'obiezione. Se ti dicono per esempio che non hanno tempo, puoi raccontargli la storia di un altro incaricato (del tuo team o anche di altri team) che nonostante non avesse tempo è riuscito a creare qualcosa di importante.

Se ti dicono che il tuo prodotto costa troppo, raccontagli la tua storia o quella di un'altra persona che pensava che il prodotto costasse troppo, ma poi si è accorta che in realtà la sua spesa non aumentava (perché risparmiava su altro) e che i benefici superavano di gran lunga quanto si aveva investito.

Il tuo compito per questo capitolo è quello di scrivere la tua Storia Business e la tua Storia Prodotto (o rivederla se già ce l'hai) e imparare a memoria almeno 3-4 storie business e 3-4 storie prodotto che racconterai alle persone con cui parlerai.

Mi raccomando, fai quest'azione prima di passare al prossimo capitolo!

Sponsorizzare e creare il team

In questo capitolo comprenderemo dove si concentrano la maggior parte dei nostri sforzi, ovvero sponsorizzare e creare il Team. Senza un team non ha senso fare Network, sarai d'accordo con me. Creare il Team ci permette di beneficiare dell'effetto leva di questo sistema di distribuzione e poter avere guadagni superiori a quelli che potremmo avere con un normale lavoro da dipendente, e anche slegati dal tempo.

Ti avviso che potrebbe volerci un po' di tempo prima di riuscire a coinvolgere qualcuno in attività. Serve un po' di sicurezza in sè stessi e di convinzione nel business, ma con la pratica e con un forte desiderio di riuscire non è la cosa più difficile del mondo, anche perché usiamo gli strumenti e non la nostra capacità di persuasione.

Pensa che io quando ho iniziato a dicembre 2006, ci ho impiegato sei mesi prima di sponsorizzare la mia prima persona. Mia moglie ancora ride quando si ricorda il tono della voce che usavo quando parlavo con le prime persone. Ero ansioso, insicuro, dubbioso, le mie mani sudavano e il telefono sembrava pesante.

Questo per dirti di non scoraggiarti. Se non riesci a sponsorizzare qualcuno, è solo questione di migliorare nelle capacità di entrare in contatto con le persone, come spiego in questo libro.

Adesso, prima di considerare la tecnica, parliamo della mentalità della sponsorizzazione.

1. NUMERI

La maggior parte delle persone sottovaluta il numero di persone con cui deve parlare per sponsorizzare una persona. Trovare una persona che ha effettivamente voglia di fare un qualcosa, che è il suo momento, e che ti da la fiducia che serve per iniziare l'attività è più complesso di trovare un cliente, per questo motivo il tasso di chiusura sugli incaricati è solitamente molto inferiore rispetto a quello sui clienti. È intuitivo che prendere la decisione di iniziare l'attività anche se l'investimento è bassissimo è comunque una decisione impegnativa che coinvolge tutta una serie di paure che hai visto come affrontare nel capitolo sulle obiezioni. Comunque mettiti bene in mente questo punto: dovrai mostrare il business a TANTE persone. Come ti ho già raccontato, quando ho iniziato la mia attività ho parlato con 300 persone nei primi 15 giorni, e con altre 300 nei 30 giorni successivi.

2. DISTACCO EMOZIONALE

Significa che non devi essere emotivamente attaccato al fatto che le persone entrano in attività. Il tuo atteggiamento deve essere del tipo: "Se entri va bene, sono felicissimo e ti aiuterò, ma se non entri va benissimo lo stesso, è una tua scelta e a me non cambia nulla, se non entri tu entrano altri".

Essere e apparire bisognosi non è un atteggiamento attrattivo nei confronti delle altre persone, anzi inconsciamente le allontana. Perché l'altra persona pensa: "Se il business funziona veramente come mai ha così bisogno di me? Sta diventando un po' appiccicoso e rompiballe, non voglio fare quello che fa lui". Pertanto,
lo so che non è facile ma devi imparare a distaccarti dal risultato. Pensa solo a mostrare gli strumenti, poi sta all'altra persona prendere una decisione e dirti un buon "sì" o un buon "no". Anche a me nonostante tutti questi anni e migliaia di persone con cui ho parlato, capita nei periodi in cui parlo con poche persone o sono un po' giù di desiderare che l'altro entra. Ci sta, è normale, ma stai attento a quando ti fai prendere dall'ansia e dal bisogno, sono cattive alleate.

3. DOVERE MORALE

Hai mai pensato che offrire il business a un'altra persona può essere un dovere morale? Ora che sai quello che sai, che quest'attività può davvero cambiare totalmente la vita di un altro essere umano, non ti senti un po' in colpa a non proporla ad altri?

Ora sai che il Network Marketing costituisce l'unica speranza per il 95% della popolazione mondiale, che non ha opportunità migliori, come puoi alla sera appoggiare la testa sul cuscino felice sapendo che non hai comunicato quest'opportunità ad altre persone? Rifletti un attimo su questa cosa e ti ritroverai spinto a farlo. Ricorda, tu hai il dono!

4. FOLLOW UP

Follow up significa ricontattare una persona che ha visto le informazioni. Le statistiche dicono che prima che una persona entri in attività è necessario che tu la ricontatti dalle 4 alle 7 volte. Funziona così, le persone hanno bisogno di tempo e di conoscerti in modo graduale, di sapere che tu sarai lì per loro. Il numero delle volte che fai follow up, comunica anche quanto tu credi nel business e nell'altra persona.

Ora scopriamo come "chiudere" un incaricato, o raccogliere la decisione, dopo che egli ha visto le informazioni.

La prima domanda.

Dopo che il tuo interlocutore avrà visto lo strumento (video, presentazione in casa o in albergo, presentazione che hai fatto solo per lui etc), quello che gli dirai sarà fondamentale. Non sai quante persone ho visto e ascoltato chiedere "che cosa ne pensi?". Questo tipo di domanda è sbagliatissima perché destabilizza il focus della persona, mentre noi vogliamo che la persona si concentri sugli aspetti della presentazione che le sono piaciuti di più. Quindi la prima domanda deve essere: "Cosa ti è piaciuto di più di quello che hai visto?".

Le domande hanno il potere di dirigere il nostro cervello, e in questo caso dirigiamo l'attenzione della persona verso gli aspetti che le sono piaciuti di più, e non sugli aspetti generici, o peggio su cosa le è piaciuto di meno.

A questo punto, la persona potrebbe rispondere qualcosa del tipo: "Mi è piaciuta la possibilità di guadagnare un extra in aggiunta a quello che già faccio"; oppure: "La possibilità di guadagnare da dove voglio con orari che decido io", o altro ancora. La risposta, basandosi su ciò che le è piaciuto di più, sarà comunque positiva.

A seguito di tale risposta positiva, il nostro obiettivo sarà ampliare questa sensazione. Pertanto, le chiederemo: "Fammi capire meglio, dimmi di più". Questo farà in modo che la persona pensi ancora e di più a questi aspetti che le piacciono, collegando piacere alla nostra opportunità.

Se il nostro interlocutore non ci desse una risposta positiva (magari perché non dice cosa gli è piaciuto di più, ma volutamente vuole muoverci qualche osservazione critica), il nostro compito è quello di riportare la sua attenzione sulla nostra domanda reale. Pertanto, potremmo invitarla nuovamente a risponderci, domandandole con toni molto calmi: "Bene, ti ringrazio per l'osservazione e capisco quello che dici, ma sono curioso anche di sapere cosa ti è piaciuto di più di quello che hai visto".

È fondamentale usare anche altre leve motivazionali, conoscendo la sua motivazione.

Se non l'abbiamo già fatto è utile chiedere: "Cosa potresti cambiare della tua vita se potessi?", "Quanto vorresti arrivare a guadagnare al mese con noi per ritenerti soddisfatto?", "Come cambierebbe la tua vita con X euro al mese?", "Se non inizi quest'attività, che altre alternative hai per arrivare a guadagnare x euro al mese in più?".

Dopo queste domande, io solitamente faccio un'affermazione, del tipo "Mi sembra che sei pronto ad iniziare". E dopo questa sto in silenzio, e aspetto cosa mi dice. Se la persona è pronta, procedo con l'iscrizione; se non è pronta, rispondo alle domande che mi fa, la rassicuro del fatto che le verrà data una formazione adeguata e che io e i miei upline metteremo tutto il nostro impegno per metterla nelle migliori condizioni di avere successo. Poi la invito di nuovo ad iscriversi. Nel mio corso di sponsorizzazione magica (**sponsorizzazionemagica.com**) descrivo nel dettaglio tutto questo processo.

Dopo che hai iniziato a creare il tuo Team, voglio parlarti di alcuni concetti necessari per far in modo che le persone che entrino, rendano al meglio e rimangano con te. Per far questo, devi capire innanzitutto che noi non siamo dei capi, non passiamo uno stipendio alle persone, e questo significa che loro non hanno obblighi nei nostri confronti e possono impegnarsi quanto vogliono. E solitamente rimaniamo delusi, abbiamo fatto tanta fatica per far entrare queste persone e vediamo che loro non fanno nulla o quasi. Il sentimento di frustrazione è il sentimento più diffuso tra chi inizia il Network Marketing e vede che la duplicazione stenta. Non preoccuparti, è normale. Devi renderti conto che solo una piccola percentuale delle persone (5-10%), ha un livello di desiderio necessario per guadagnare uno stipendio o più con questa attività. A parole possono dirci quello che vogliono, e la maggior parte lo fanno, ma quando il gioco si fa duro, i duri che vogliono giocare sono pochi. E va bene lo stesso, fa parte della nostra professione, e questo non ti impedirà comunque di ottenere grandi risultati se hai la volontà e lo spirito di sacrificio necessari per ottenerli.

Perciò, non far sentire male chi non ha un livello di desiderio forte come il tuo (se stai leggendo questo libro e sei arrivato fino alla fine, significa che sei una persona che vuole riuscire, quindi ti faccio i complimenti).

Devi comportarti come un proprietario di palestra invece che come un Direttore Vendite. Un Direttore Vendite cercherà di spingere continuamente le vendite e di far sentire male chi non vende tanto, mentre un proprietario di palestra è interessato solamente che le persone rimangano e continuino ad andare in palestra, indipendentemente se in palestra vengono per socializzare invece che per allenarsi seriamente. Tra l'altro, se le persone percepiscono che ti stanno deludendo, che tu non sei contento di loro perché producono poco o nulla, non si sentiranno bene. E cosa succede se non si sentono bene? Se ne andranno da un'altra parte, e tu perderai la loro collaborazione, il loro fatturato personale e anche quello di qualche loro cliente, e soprattutto la possibilità che in futuro facciano qualcosa e magari ti trovino qualche leader vero. Quindi il mio invito è quello di rispettare tutti, e accettarli a qualsiasi livello di desiderio si trovino. Questo farà in modo che ti rispetteranno, vorranno stare vicino a te, e saranno felici di stare nella famiglia che hai creato. Questo non significa che devi dedicare tempo personale a chi non si impegna, ma nelle formazioni di gruppo riconoscere anche le persone che non ottengono risultati, almeno per il loro impegno e soprattutto per il fatto che sono li nel tuo gruppo. Spero di essermi spiegato. E cerca di rendere il tuo gruppo la tua famiglia allargata, un ambiente in cui le persone si sentano felici di appartenere. Per fare questo cerca di apprezzare e accettare le persone per come sono, indipendentemente dai loro risultati momentanei.

Costruire un'organizzazione di Network Marketing significa costruire relazioni durature, solide e stabili nel tempo. Per fare questo sii sempre rispettoso dei tuoi upline, rimani connesso con loro per quanto possibile, e la tua downline seguirà il tuo esempio. Per creare relazioni durature è necessario trattare tutte le persone in modo rispettoso, gentile, con il cuore e nei loro migliori interessi. Le persone vanno trattate nel migliore dei modi e aiutate nella loro crescita.

Scrivi e memorizza questa frase: "Non usare le persone per far crescere il tuo business, ma usa il tuo business per far crescere le persone".

Promuovere gli eventi

L'ultima competenza di cui ti parlo è l'abilità di promuovere gli eventi. Si tratta dell'abilità più pagata nel Network Marketing, quella che farà arrivare più soldi in assoluto nelle tue tasche. Gli americani dicono: "Events make money", ovvero gli eventi ti fanno guadagnare soldi. Se tutte le altre abilità ti permettono di iniziare il tuo business, promuovere gli eventi ti permette di creare un reddito anche importante in questo settore. Intanto definiamo cos'è un evento. Un evento nel nostro settore è ogni occasione in cui le persone si riuniscono e stanno insieme, sia virtualmente che fisicamente. Potrebbe essere una chat con una persona o più persone, una video chiamata, un party in casa, un evento di presentazione in hotel, un evento di una giornata e di più di una giornata. Bisogna promuoverli tutti, ma quello che ti farà fare veramente il salto di qualità sono gli eventi di destinazione, ovvero quelli di più di un giorno, in cui le persone devono viaggiare, dormire e mangiare fuori casa.

Perché questi eventi sono fondamentali e ti fanno guadagnare? Perché in questi eventi le persone hanno la possibilità di prendersi del tempo dalla routine quotidiana, pensare ai propri sogni e alla propria visione e connettersi con persone positive che hanno sogni e obiettivi. Il business durante l'evento diventa per le persone un qualcosa di reale e tangibile e ad ogni evento si cresce e si acquisisce una qualche consapevolezza in più. Pensa che ogni persona del tuo team che porti corrisponde a circa 1.000 euro all'anno di guadagno (questo numero ovviamente dipende da tanti fattori, ma è una cifra indicativa che è stata fatta), pertanto se vuoi guadagnare a 6 cifre, oltre 100 mila euro all'anno, impegnati a costruire un gruppo di cui almeno 100 persone vengono agli eventi di destinazione. Questo fa in modo che agli eventi nascono leader, ovvero persone che prendono la decisione di impegnarsi a fondo e seriamente nella propria attività e, come puoi immaginare, il tuo business dipende dal numero e dalla forza dei leader che hai in organizzazione.

Un mio mentore diceva che gli eventi sono talmente importanti che l'unica ragione per cui lui sarebbe mancato, è che fosse stato ricoverato in ospedale o morto. È vero che il Network ci da la libertà, ma due giorni ogni 3-4 mesi sono tassativi, il nostro business dipende da questi eventi.

Questo anche perché gli eventi raccontano la storia al posto tuo, formano e ispirano te e le tue persone in un modo che da solo tu non potresti mai fare, e generano una grande ritenzione nel tuo Team (significa che hai un tasso di abbandono di gran lunga inferiore rispetto ai Team che non danno grande importanza agli eventi). Quelli che sostengono che le nuove tecnologie possano completamente sostituire gli eventi fisici, non sono persone che guadagnano tanto nel Network Marketing. Le nuove tecnologie, anche se sono di grandissimo aiuto nel costruire il nostro business, non potranno mai sostituire la presenza fisica e il contatto umano. Grazie a Dio, siamo essere umani e siamo nati per stare insieme, non da soli davanti a un computer e a un telefonino.

Inoltre, gli eventi sono parte integrante del sistema. Il sistema è l'insieme di quelle strutture che lavora al posto tuo, che fa molta della fatica al posto tuo. Se dovessi basarti solo sulle tue capacità di tenere unito un gruppo e di farlo prosperare, non riusciresti ad andare troppo lontano. Usa il sistema!

Ora che hai compreso l'importanza di sfruttare il sistema e sopratutto gli eventi, voglio parlarti di come promuoverli.

Dire al tuo Team: "Guardate che in quelle date c'è un evento a cui partecipare", significa annunciare l'evento. Un dilettante annuncia, mentre un professionista promuove.

Promuovere significa fare un lavoro costante e continuo cercando di aiutare le persone a prendere la decisione di venire agli eventi. Come fare?

Innanzitutto, tu devi essere il primo a prenotare, senza aspettare che te lo dica l'upline, ed il primo a considerare gli eventi di importanza vitale per il tuo business. Fai la promessa a te stesso di non mancare mai ad un evento, perché dagli eventi dipende la prosperità o comunque la sopravvivenza del tuo business. Se un leader salta un evento, è praticamente certo che il suo gruppo ne risentirà fortemente, ed è anche altamente probabile che abbandoni il tuo Team. Io per portare più persone possibili parlo singolarmente con ciascuna persona, per farle capire a fondo l'importanza degli eventi e per aiutarla a trovare la soluzione per venire. Deve prendere ferie? Si deve organizzare con il treno o deve dividere camera d'albergo e automobile? La aiuto a cercare soluzioni e organizzarsi. So che è un lavoro che molti leader non fanno, ma ciò significa sottovalutare l'importanza degli eventi, ed è per questo che non ottengono i risultati che vogliono.

Un'altra strategia che uso è quella di coinvolgere le altre persone che sono venute agli eventi e ne hanno tratto benefici o ispirazione, e chiedo loro di fare una video testimonianza nel gruppo Facebook della mia organizzazione. Raccontare la propria storia e quella di altri (meglio ancora se gliela raccontano direttamente) è lo strumento più potente che esiste per promuovere gli eventi. Io stesso agli eventi mi sono sempre più convinto di potercela fare. Me ne ricordo uno in cui ho deciso di lasciare il mio lavoro in banca quando ho visto un ragazzo che non sapeva esprimersi bene guadagnare uno stipendio abbondante. E mi ricordo di un altro evento, dove ho visto una donna che sul palco non è riuscita a dire una parola e si è messa a piangere, e anche lei era full time e stava guadagnando uno stipendio. Quando ho visto quella donna, ero proprio all'inizio della mia attività dopo che mi ero scoraggiato e mi stavo dando l'ultima possibilità nel network. In quel momento ho preso tutto il coraggio e tutta l'energia che mi servivano per lanciare la mia attività e ottenere risultati che prima solo sognavo.

Un'altra cosa fondamentale che voglio dirti sulla promozione degli eventi è che va fatta in modo costante e ripetuto nel tempo. Alla fine di ogni training, di ogni presentazione, ricorda alle persone il prossimo evento di destinazione e la sua importanza.

Un'altra strategia di promozione è quella di non usare solamente una leva per promuovere gli eventi. In passato io ricordavo alle persone quanto fosse importante venire per guadagnare, raccontavo storie e facevo parlare persone che grazie agli eventi hanno svoltato nella loro attività, poi ho capito che il lato economico non è l'unico aspetto che interessa alle persone. Ora ricordo anche che si sta insieme, si mangia insieme, si balla, ci si diverte e si vivono emozioni memorabili.

Ora dovresti aver capito l'importanza degli eventi, quindi inizia subito a promuovere il prossimo evento alle persone del tuo Team.

Incontrerai delle difficoltà, le persone ti tireranno fuori scuse inventate e reali, sul fatto che non hanno soldi, sul fatto che non possono assolutamente lasciare casa, che non hanno nessuno a cui lasciare i bambini e molto altro ancora. Tu usa il tuo cuore, empatia e tatto, rispettando sempre tutti, ma cerca di trasmettere sempre il fatto che se vogliono veramente raggiungere i loro obiettivi, devono fare qualche sacrificio e trovare i soldi per venire, perché agli eventi la loro vita potrebbe cambiare per sempre.

Ci saranno momenti in cui qualcuno del tuo Team non vorrà venire agli eventi, perché costano, perché deve lasciare la famiglia a casa o per mille altre ragioni. Quando stavo lanciando la mia attività, ricordo bene che le mie persone più forti non volevano venire. In quei momenti ti puoi sentire solo contro più persone, debole, ma ricorda che devi essere un leader forte se vuoi guadagnare in questa attività. Quindi tira fuori le palle e guida le tue persone a prendere la decisione migliore per il vostro business.

La mia filosofia

Siamo giunti alla fine di questo percorso insieme. Prima di lasciarti voglio descriverti la mia filosofia di vita, cercando di condividere con te quelli che sono i valori che hanno plasmato la mia vita.

Cosa penso della vita? È bella, è un'opportunità unica di essere felici, di vivere con gioia, di realizzarsi. E se vogliamo essere felici e realizzarci, dobbiamo guardare gli aspetti positivi della vita.

Oltre a questo è innegabile che ci sono anche dolori, sofferenze. Il rovescio della medaglia è che la vita a un certo punto ti mette alla prova, ti mette in ginocchio. Ti pone delle sfide che possono essere finanziarie, di salute, di relazioni, ci possono essere dei momenti in cui ti può mancare qualcosa di importante.

È indubbio che la vita ci mette davanti delle sfide, tutti nessuno escluso abbiamo avuto o comunque avremo dei problemi, la vita è così. E il primo punto della mia filosofia è quello di non farsi abbattere dai problemi, la cosa importante è quanto tu resisti e riesci ad andare avanti nonostante le difficoltà. È fondamentale sviluppare un animo da guerriero, da persona che non si arrende mai e continua a combattere ogni giorno con il sorriso e un atteggiamento positivo. Come diceva Silvester Stallone in Rocky: "Non è importante quante volte vai al tappeto, ma rialzarsi ancora una volta".

E io ho cercato di fare questo, tutte le volte che la vita mi ha messo al tappeto, ho cercato di rialzarmi con tutta la forza che avevo. È successo più di una volta che mi sono trovato in basso dal punto di vista fisico, emotivo e finanziario. La vita è fatti di alti e bassi, nei momenti alti meglio rimanere umili (non modesti) e non montarsi la testa, mentre nei momenti bassi dobbiamo ricordarci che le cose avvengono per farci imparare qualcosa ed è per il nostro bene, anche se quando siamo immersi in quelle situazioni non riusciamo a capirlo.

Un altro valore fondamentale per me è la libertà. Ma cosa significa essere liberi veramente? Ho letto da qualche parte che la libertà è una condizione naturale dell'uomo, una cosa che dovrebbe appartenere per diritto a ogni individuo. In realtà, se andiamo a guardare la storia vediamo che tutti quelli che hanno avuto un po' di libertà se la sono sempre dovuta andare a conquistare, hanno combattuto e sono anche morti per la libertà. In sostanza, la libertà ha un prezzo. Almeno io me la sono dovuta conquistare, con l'impegno, con i sacrifici, tornando a casa dalla banca e mettendomi a fare anche altro, non guardando mai l'orologio e rinunciando ad alcune cose per averne altre.

Oggi le persone intendono la libertà come il fare quello che si vuole; passare il tempo come meglio si crede, con le persone che si amano; fare le cose che piacciono; essere liberi finanziariamente, poter viaggiare quando e dove si vuole. Questi sono gli aspetti che vengono in mente alle persone quando si parla del termine libertà.

Sono d'accordo su questo, e ti invito anche a vedere un altro aspetto del termine libertà: essere chi sei veramente. Oggi è una sfida raccontare veramente quello che pensiamo, vivere secondo i nostri valori, e secondo le cose che sono veramente importanti per noi. È difficile perché siamo ostacolati dal pensiero del giudizio delle altre persone, che quindi ci ostacola dall'essere veramente noi stessi e fare le cose che vogliamo fare. In questo libro ho scritto un intero capitolo dedicato a come liberarsi della paura del giudizio degli altri, proprio perché se non te ne liberi, non potrai essere libero, gratificato e felice.

E qui mi riaggancio con il terzo punto, ovvero l'autorealizzazione e l'essere gratificati. Per me vivere la vita al massimo è una cosa che devo a me stesso. Come ti dicevo prima, sono profondamente convinto che la vita è una grande e meravigliosa opportunità che va colta al meglio. Tutti moriamo, ma non tutti gli uomini vivono veramente, nel senso che nel corso dell'esistenza, spesso non riusciamo ad esprimere al massimo le nostre potenzialità. Se ti guardi dentro, concorderai con me che tutti noi abbiamo delle grandi potenzialità, dei grandi talenti che in continuazione ci stanno gridando di essere usati. La cosa brutta è che spesso per paura (anche del giudizio degli altri) non facciamo quelle scelte che sappiamo essere giuste per il nostro cuore. Un po' come quando lavoravo in Banca, sapevo che non faceva per me, sapevo di avere potenzialità, ma ci ho messo 10 anni per trovare il coraggio di lasciarla. Una bellissima frase che ho sentito è: "Non morire con la musica dentro di te". Tu sai che hai tanto da dare al mondo, che hai una bellissima musica da suonare, non lasciarla dentro di te.

Esprimere le nostre potenzialità è una cosa che ci rende felice, e la felicità è il nostro obiettivo finale. E noi siamo felici quando ci impegniamo nelle seguenti tre aree.

1. RELAZIONI

Avere buone relazioni con persone che stimiamo, apprezziamo, ammiriamo. Condividere la vita con persone speciali per noi, che apportano valore e bellezza alla nostra vita. La qualità della nostra vita è determinata dalle qualità delle nostre relazioni, niente di più vero.

2. CRESCITA

Siamo felici quando sentiamo che stiamo crescendo, migliorando qualcosa della nostra vita ma soprattutto di noi stessi. Ogni volta che miglioriamo noi stessi e il nostro carattere ci sentiamo bene e ci sentiamo felici. Hai notato questa cosa?

3. CONTRIBUTO

Siamo felici quando contribuiamo alla vita delle altre persone, quando diamo qualcosa di noi stessi agli altri. Può essere beneficenza, volontariato, aiutare gli altri in qualche modo. Quando diamo qualcosa di noi stessi agli altri ci sentiamo felici.

Siamo felici perché le persone che aiutiamo sono grate nei nostri confronti, e di riflesso questa emozione si trasferisce. Io provo tanta felicità quando le persone che aiuto nel percorso esprimono la loro gratitudine per quello che gli ho trasmesso.

E non so se hai notato, ma il Network Marketing soddisfa tutte queste aree. Nel Network il nostro compito è creare relazioni, crescere e svilupparci come persone e contribuire attivamente con il nostro lavoro a migliorare la vita degli altri. In altre parole, il Network Marketing è un modo per vivere la vita perseguendo obiettivi che ci rendono felici, appagati e gratificati, se lo facciamo nel modo giusto e con l'atteggiamento giusto. Non conosco niente di meglio che possa rendere veramente felici gli essere umani.

Per questo, se hai scelto il Network come tuo percorso, ti faccio i complimenti di vero cuore e sappi che io farò sempre il tifo per te e magari un giorno ci incontreremo e mi racconterai il tuo percorso e cosa il Network ha fatto per te.

Abbi il coraggio di vivere veramente la vita che vuoi, non la sprecare, ne abbiamo una sola.

E se vuoi continuare a conoscere i miei contenuti e il mio materiale formativo, puoi farlo seguendomi sui miei canali social e sul mio sito.

lorenzocicetti.com

networkerprofessionista.net
(qui trovi una formazione completa di tutto)

Facebook.com/lorenzo.cicetti
(FB profilo)

instagram.com/lorenzocicetti

sponsorizzazionemagica.com

Testimonianze

Stefano Orrù

Ho conosciuto Lorenzo nel 2012. Ho comprato il suo corso Sponsorizzazione magica.

Ero un novellino alle prime armi e uno dei pochi Blog che avevo scoperto sul Network Marketing era quello di Lorenzo.

Nel 2013 abbiamo collaborato in un progetto insieme, ma io ancora novellino, ero davvero imbranato e alle prime armi.

In quel periodo però è iniziato un cambiamento, e ho cominciato a studiare di più, lavorare diversamente e imparare l'inglese per poter studiare le stesse cose che Lorenzo insegnava nel suo Blog e nei suoi corsi.

L'ho sempre ammirato per 3 qualità:

1. Costanza

2. Disciplina

3. Focus

Le cose nella vita cambiano, e come hai potuto leggere nel libro, Lorenzo nel 2015 prende una grande decisione, difficile e rischiosa… fare un cambiamento e lanciare la sua attività nuovamente da zero.

La persona fortunata con cui aveva scelto di lanciare la sua nuova attività ero io, con mio fratello.

Dopo 2-3 mesi di trattativa, scambi, skype call… Iniziamo a collaborare.

Lorenzo mi disse: «Io il network marketing lo so fare offline, e voglio imparare a farlo completamente online, mi metto in focus e faccio i numeri, porto le persone a eventi o a presentazioni, dimmi solo che strumenti avete e dammi il tuo Tempo per capire questa strategia sui Social Media che sta funzionando tanto bene».

Chi fa Network Marketing sente queste parole decine e decine di volte… gente che millanta risultati, che spara numeri e cifre o che si inventa competenze.

La Frase più sputtanata in questo Business da un potenziale distributore è: Io sono uno che se decide di fare una cosa la fa… E puntualmente è gente che fallisce e al primo mese molla.

Lorenzo non è cosi… Lorenzo se decide di fare una cosa la

fa, e la trasmette a tutto il suo Team.

In 3 mesi è saltato da ZERO, alla 4 posizione in carriera creandosi subito un guadagno di oltre 2.500 € al mese.

Ha fatto numeri che nessuno nel mio Team aveva mai fatto, creava contatti dal nulla tutti i giorni, con costanza e lavorava almeno 12-15 ore al giorno.

I suoi primi 90 giorni sono stati davvero un LANCIO alla grande. In meno di 2 anni è diventato uno dei numeri 1 nel Team per Fatturati Mensili, Crescite e soprattutto nuovi Distributori.

In 4 anni che lo conosco più da vicino lo ho visto crescere insieme a me, migliorare e sviluppare al meglio le migliori competenze che servono in questo Business:

- creare contatti online

- fare presentazioni di Business

- Public Speaking

- fare Training

- Invitare agli eventi

- Team Building

- Motivare il Gruppo

- Organizzare Eventi Locali

Se devi imparare qualcosa di Network Marketing, fallo da chi lo mastica tutti i giorni.

Uno di questi è Lorenzo.

Alessio Brunello

In questo libro Lorenzo raggruppa anni di esperienza nel settore del Network Marketing.

Lorenzo ha messo a disposizione in queste pagine tutta la sua esperienza, il suo vissuto ed i consigli che lo hanno portato ad essere uno dei Networker di maggior successo in Italia.

Da leggere assolutamente.

Giorgia Fabrizia Arcuri Crisanti

Un Uomo, che racconta il suo trionfo sulla sua insoddisfazione; quel punto A così fastidioso… dapprima giovanile, come quando dovette rinunciare al suo grande sogno: giocare a calcio e diventare un calciatore, perché un paio di bambini gli avevano detto che lo avrebbero picchiato se fosse ritornato a calcio; e come bancario poi, un buon lavoro certo, che però lo costrinse a vivere in quel ruolo di dipendente che proprio, non riusciva a digerire.

Fin da ragazzino, Lorenzo aveva lo " spirito di un imprenditore" e sembrava destinato a rivendicare il proprio credito nel mondo degli affari.

Dopo anni senza sosta da un lavoro all'altro, ha sperimentato una fortunata confluenza di eventi che hanno cambiato la sua vita e da qui il raggiungimento del suo punto B di massima soddisfazione.

Attraverso alcuni fallimenti e duro lavoro, Lorenzo si racconta in questo fantastico libro, come è diventato un imprenditore di grande successo.

Lorenzo è nato il 26 gennaio del 1977 in un piccolo paese sperduto nelle Marche.

I suoi genitori erano entrambi insegnanti, gli hanno dato l'amore che potevano e lo hanno cresciuto con amore.

Lorenzo pensa che dai nostri genitori e dal nostro ambiente apprendiamo il nostro modo di pensare.

Era un ragazzo molto insicuro, aveva paura un po' di tutto e faticava ad integrarsi con gli altri bambini.

Quanti di noi potrebbero ritrovarsi in lui?

Oggi Lorenzo è autore, imprenditore di successo ma anche papà di due splendidi bambini e tutto questo lo ha realizzato senza più paura, ed ancora con quella viva curiosità che aveva da ragazzo.

I dettagli della sua vita li ha raccontati con ammirevole intimità, il candore avvincente, l'arco della sua vita professionale così come i suoi sforzi per padroneggiare i suoi demoni personali e forgiare una spiritualità ottimista ma pragmatica che ha imparato dalle avversità

La vita di Lorenzo Cicetti è avvincente e movimentata, e la sua instancabile perseveranza rimane edificante. Vive il mio motto "La mia direzione preferita è in avanti."

Gli aspiranti imprenditori dovrebbero trovare non solo l'incoraggiamento morale nel suo racconto, ma anche lezioni concrete sulla gestione aziendale che nel libro ha ampiamente descritto.

Tuttavia, l'elemento più intrigante del libro per me che lo conosco bene, è l'introspezione personale: lui apre a squarciagola la sua vita per il significato e lo scopo, in parte conseguenza della sua esperienza di una voce interiore che lo guida verso la sicurezza e la prosperità.

Quando pratichi quell'empatia, capisci di più; quando capisci di più, è più facile da applicare la prossima volta; quando è più facile da applicare, diventa semplicemente una parte di te.

Questo libro è coinvolgente e saggio.

Un ricordo avvincente,

coraggioso come la vita che descrive.

A te Lorenzo,

dopo mia madre e il mio adorato compagno Tony, tu sei la persona più importante della mia vita. Ti ho seguito, e hai reso felice anche me.

Sincerely, Giorgia

Michele Moretti

Questo libro è piaciuto tantissimo, soprattutto l'impostazione. La tua storia è bellissima e presentata benissimo, e fa capire alle persone che questa attività va affrontata con impegno e professionalità, senza aspettarsi che i risultati piovano dagli alberi. I concetti tecnici sono affrontati in modo preciso, soprattutto viene spiegata bene la paura del giudizio e come superarla.

Complimenti, hai dato una bella visione di quello che è il network e le possibilità che offre.

Elisabetta Cavasin

Ci tengo a lasciare la mia recensione dopo aver letto il libro di Lorenzo perché contiene a mio avviso un elemento fondamentale per chi si approccia al network marketing. Questo libro è SEMPLICE e allo stesso tempo RICCO di vita, esperienza ed emozioni.

Una vera guida per chi crede ai propri sogni ed è in cerca di uno strumento etico, onesto e semplice con il quale realizzarli.

Lorenzo è tuttora per me un esempio in questo campo, sia nel successo che nelle difficoltà è una persona che agisce per aiutare le persone a migliorare la propria vita. Grata sempre di averlo nel mio cammino.

www.ingramcontent.com/pod-product-compliance
Lightning Source LLC
Chambersburg PA
CBHW072141170526
45158CB00004BA/1456